Daniel Penz

Testmanagement in der industriellen Steuerungstechnik

Daniel Penz

Testmanagement in der industriellen Steuerungstechnik

Realisierung eines Testmanagement-Frameworks für SPS-Programme aus dem Bereich der Intralogistik

Lehrbuchverlag

Imprint
Any brand names and product names mentioned in this book are subject to trademark, brand or patent protection and are trademarks or registered trademarks of their respective holders. The use of brand names, product names, common names, trade names, product descriptions etc. even without a particular marking in this work is in no way to be construed to mean that such names may be regarded as unrestricted in respect of trademark and brand protection legislation and could thus be used by anyone.

Cover image: www.ingimage.com

Publisher:
Der Lehrbuchverlag
is a trademark of
Dodo Books Indian Ocean Ltd. and OmniScriptum S.R.L publishing group

120 High Road, East Finchley, London, N2 9ED, United Kingdom
Str. Armeneasca 28/1, office 1, Chisinau MD-2012, Republic of Moldova, Europe
Managing Directors: Ieva Konstantinova, Victoria Ursu
info@omniscriptum.com

Printed at: see last page
ISBN: 978-620-9-30775-1

VORWORT/DANKSAGUNG

Die vorliegende Arbeit mit dem Titel „Realisierung eines Testmanagement-Frameworks für SPS-Programme aus dem Bereich der Intralogistik" befasst sich mit der Realisierung einer Softwareapplikation, mit der Überprüfungen an SPS-Programmen, welche beim Unternehmen „TGW Logistics Group" in Intralogistiklösungen zum Einsatz kommen, durchgeführt werden können. Die möglichen Überprüfungen für die Testobjekte werden in einem eigenen Arbeitsblatt einer Konfigurationsdatei im Tabellenformat festgehalten. Dies bildet die Basis für die Überprüfungen. Diese Überprüfungen können manuell oder automatisiert durchgeführt werden. Zum Schluss werden die Testergebnisse in einem Testreport festgehalten, wobei die Daten des Testreports nach Excel importiert werden können. In dieser Arbeit wird das Testmanagement-Framework mitsamt seinen Funktionen und Prozessen vorgestellt.

Besonderen Dank gilt dem Unternehmen „TGW Logistics Group" und meinen Unternehmens-Betreuern Martin Wurzer und Christian Haslehner, ohne die diese Arbeit nicht möglich gewesen wäre. Weiters möchte ich mich bei meinem FH-Betreuer FH-Prof. DI Dr. Franz Auinger für seine Unterstützung und Anregungen für diese Arbeit bedanken. Des Weiteren möchte ich mich bei meinen Eltern Ing. Günther Penz und Verena Penz bedanken, die mich Zeit meines Lebens begleiten und mir, wo immer es möglich ist, Unterstützung geben.

Daniel Penz

Wilhering, 19.08.2025

KURZFASSUNG

Stichwörter: Testmanagement-Framework, SPS-Programme, TIA Portal, statische Codeanalyse, Applikationstest

Testen ist ein wichtiger Bestandteil einer modernen Softwareentwicklung. Dies gilt im Allgemeinen für die Softwareentwicklung, besonders aber für die Entwicklung von SPS-Programmen. Das Unternehmen „TGW Logistics Group" hat sich auf die Intralogistik spezialisiert und bietet entsprechende Lösungen für diesen Bereich an. Für den Betrieb dieser Anlagen kommen auch entsprechende SPS-Programme zum Einsatz. Die Entwicklung neuer SPS-Programme und Erweiterung bestehender SPS-Programme erfordert auch ein Testen dieser SPS-Programme. Ein automatisiertes Testsystem soll SPS-Programmierer und SPS-Programmiererinnen bei ihren Tätigkeiten unterstützten und die Zeit fürs Erstellen und Durchführen dieser Tests verkürzen. Die vorliegende Arbeit befasst sich daher mit dem Testmanagement-Framework mitsamt seinen Funktionen und Prozessen.

Zuerst werden in Kapitel 1 Gründe für das Testen von SPS-Programmen, die Problemstellung und der Lösungsansatz vorgestellt. Im nächsten Schritt werden in Kapitel 2 Grundbegriffe, für das Testmanagement-Framework verwendete Softwareprodukte und der Stand der Technik erläutert. In Kapitel 3 wird das Testmanagement-Framework vorgestellt. Dazu gehören u.a. die Anforderungen, die Abläufe und die Elemente der grafischen Benutzeroberfläche. In Kapitel 4 werden die Testergebnisse zur Überprüfung der Funktionen der SimaticML-Dokumentenanalyse und die Testergebnisse der Durchläufe zur Überprüfung der Abläufe des Testmanagement-Frameworks erklärt. Kapitel 5 enthält eine Evaluierung der Anforderungen in Bezug auf die Erfüllung dieser Anforderungen und eine Evaluierung der Testergebnisse der Durchläufe. Zum Schluss erfolgt in Kapitel 6 eine Zusammenfassung der Arbeit und es wird ein Ausblick auf potenzielle Erweiterungen des Testmanagement-Frameworks gegeben.

ABSTRACT

Key words: test management framework, PLC programmes, TIA Portal, static code analysis, unit test

Testing is an essential part of modern software development. This applies in general to software development, but especially to the development of PLC programs. The company "TGW Logistics Group" specializes in intralogistics and offers corresponding solutions for this field. PLC programs are also used for the operation of these systems. Developing new PLC programs and extending existing ones also requires testing these programs. An automated testing system aims to support PLC programmers in their tasks and reduce the time spent creating and executing these tests. The present thesis examines the test management framework, including its functions and processes.

Chapter 1 introduces the motivations for testing PLC programs, the problem statement, and the proposed solution. In Chapter 2, basic terminology, the software tools used in the test management framework, and the current state of the art are explained. Chapter 3 presents the test management framework, including the requirements, workflows, and elements of the graphical user interface. Chapter 4 discusses the test results for validating the functions of the SimaticML document analysis and the outcomes of the runs used to verify the workflows within the test management framework. Chapter 5 contains an evaluation of the requirements in terms of their fulfillment, as well as an assessment of the test results from the runs. Finally, Chapter 6 provides a summary of the thesis and offers an outlook on potential future enhancements of the test management framework.

INHALTSVERZEICHNIS

1 EINLEITUNG

1.1 GRÜNDE FÜR DAS TESTEN VON SPS-PROGRAMMEN

Programmable Logic Controllers, welche auch mit der Zeichenfolge „PLC“ abgekürzt werden können, sind unverzichtbare Bestandteile für industrielle Steuerungssysteme. Bei industriellen Steuerungssystemen gibt es grundsätzlich einen sicherheitskritischen und einen betriebsnotwendigen Aspekt [vgl. Feng, 2011, S. xi]. Durch diesen sicherheitskritischen Aspekt können auftretende Softwarefehler Risiken für die Umwelt des industriellen Steuerungssystems und dem Menschen darstellen. Es sind auch finanzielle Schäden denkbar [vgl. Hendrik, 2023, S. iii]. Die Schäden an Hardwarekomponenten und der Verlust von Menschenleben könnten schon durch einen einzigen Softwarefehler im Steuerungsprogramm verursacht werden. Daher müssen Steuerungsprogramme frei von Fehlern und Störungen sein, um Unfälle zu vermeiden [vgl. Feng, 2011, S. xi]. Beispielsweise könnte die automatische Testfallgenerierung zur Überprüfung der Qualität einer Software verwendet werden [vgl. Hendrik, 2023, S. iii]. Die Testautomatisierung soll zusätzlich manuelle Testmethoden unterstützen, da die Verwendung manueller Testmethoden zu Herausforderungen in Bezug auf Zuverlässigkeit und Skalierbarkeit führen kann [vgl. Salari, 2024, S. i].

1.2 PROBLEMSTELLUNG UND LÖSUNGSANSATZ

Die vorliegende Arbeit mit dem Titel „Realisierung eines Testmanagement-Frameworks für SPS-Programme aus dem Bereich der Intralogistik“ behandelt die Problemstellung, dass es im Unternehmen „TGW Logistics Group“ am Standort in Wels zur Zeit keine Softwareapplikation für die PLC-Entwicklung gibt, welche die bestehende Softwareinfrastruktur bestehend aus Produkten des Unternehmens „Siemens AG“ nutzt, um eine statische Codeanalyse und Applikationstests durchführen zu können. Damit könnte z.B. sichergestellt werden, dass bei einem Funktionsblock neu hinzugefügter Code die vorgegebenen Codierrichtlinien einhält und dabei das Soll-Verhalten des Funktionsblocks nicht beeinträchtigt wird.

Bei den verwendeten Softwareprodukten TIA Portal, Test Suite Advanced und PLCSIM Advanced des Unternehmens „Siemens AG" gibt es aktuell keine Möglichkeit, eine Konfigurationsdatei mit den entsprechenden Testobjekten und Tests zu definieren, um die richtigen Tests auf die Testobjekte anwenden zu können, die durchzuführenden Tests und Testobjekte auswählen zu können, ein Projekt aus „octoplant" auschecken zu können, die Konfigurationsdatei bzw. die Ergebnisse zu filtern, die Ergebnisse in einem beliebigen Format darzustellen, eine SimaticML-Dokumentenanalyse durchführen zu können und automatisiert Überprüfungen auf Basis der Konfigurationsdatei durchzuführen.

Die vorliegende Arbeit präsentiert, wie unter Verwendung der Softwareprodukte des Unternehmens „Siemens AG" eine Testmanagement-Software, welche für das Management von manuellen und automatisierten Testabläufen und zur Darstellung von Testergebnissen genutzt werden kann, als C#-Applikation für PLC-Programme aus dem Bereich der Intralogistik realisiert und verwendet werden kann, um die beschriebene Problemstellung zu lösen. Diese Testmanagement-Software wird als eine WPF-Applikation realisiert und greift über die TIA Portal Openness API auf die Funktionen von TIA Portal zu, um mit dem Styleguide erstellte Regelsätze, mit dem Applikationstest erstellte Testfälle und eine SimaticML-Dokumentenanalyse durchführen zu können, wobei die Regelsätze und die SimaticML-Dokumentenanalyse zur statischen Codeanalyse zusammengefasst werden. Diese Softwareapplikation kann entweder manuell oder automatisiert gestartet werden. Wenn diese Überprüfungen bei SPS-Programmen manuell oder automatisiert mit dem Testmanagement-Framework durchgeführt werden, dann wird am Ende ein Testreport mit den entsprechenden Regelverletzungen erstellt und darauf können in der SPS-Entwicklung Maßnahmen eingeleitet werden, um diese Fehler zu beheben. Dies soll letztendlich dazu führen, dass eine Qualitätssicherung erfolgt und die Software in Übereinstimmung mit den definierten Standards optimiert wird, wodurch langfristig die Effizienz und Betriebssicherheit erhöht wird.

1.3 Aufbau der Arbeit

Kapitel 1 beschreibt die Gründe für das Testen von SPS-Programmen, die Problemstellung und den Lösungsansatz. In Kapitel 2 werden Grundbegriffe wie SimaticML-Dokumentenanalyse oder Softwaremodule, der Software-Toolbestand, auf dem das Testmanagement-Framework basiert, wie TIA Portal oder PLCSIM Advanced erläutert und das Testmanagement-Framework wird mit anderen Ansätzen für das Testen von PLC-Programmen verglichen. In Kapitel 3 werden u.a. die Anforderungen an das Testmanagement-Framework, die verwendeten Regelsätze, die Funktionen der SimaticML-Dokumentenanalyse und der verwendete Testfall, die Arbeitsblätter der Konfigurationsdatei, die Elemente der grafischen Benutzeroberfläche und die Abläufe des Testmanagement-Frameworks vorgestellt. Kapitel 4 enthält die Ergebnisse der Tests, welche für die Funktionen der SimaticML-Dokumentenanalyse durchgeführt wurden und die Testergebnisse der Durchläufe, um die Funktion der Abläufe des Testmanagement-Frameworks überprüfen zu können. In Kapitel 5 erfolgt die Evaluierung der Anforderungen des Testmanagement-Frameworks und der Testergebnisse, welche von den Durchläufen aus Kapitel 4 stammen. In Kapitel 6 erfolgt eine Zusammenfassung der Arbeit und es wird ein Ausblick auf mögliche Weiterentwicklungen des Testmanagement-Frameworks gegeben.

2 GRUNDBEGRIFFE, SOFTWARE-TOOLBESTAND UND STAND DER TECHNIK

2.1 GRUNDBEGRIFFE

In diesem Abschnitt werden Grundbegriffe, welche für das Verständnis dieser Arbeit benötigt werden, erläutert.

2.1.1 SIMATIC STEP 7 FÜR DAS TIA PORTAL[1]

Die Integration von SIMATIC STEP 7 in das TIA Portal ist der nächste Schritt in der Geschichte von SIMATIC STEP 7. Mit SIMATIC STEP 7 für das TIA Portal können PLCs programmiert, getestet, diagnostiziert und konfiguriert werden. Durch die Integration von SIMATIC STEP 7 ins TIA Portal können Funktionen wie Copy-and-Paste oder Drag-and-Drop genutzt werden. Mit der grafischen Konfiguration mit Editoren wie dem zentralen Editor für die Konfiguration von Netzen und Hardware oder Editoren für Programme und den erwähnten Funktionen können die Entwicklungszeiten reduziert werden. Des Weiteren gibt es eine integrierte Systemdiagnose für die Lokalisierung eines Fehlers, effiziente Online-Funktionen für den Informationsaustausch, den Abruf von Informationen und der Aktualisierung des TIA Portal Projekts und einen Echtzeit-Trace für eine schnelle Inbetriebnahme. Eine Fernwartung und eine Diagnose mit Teleservice und Webserver führen zusätzlich zu minimalen Ausfallszeiten. Komptabilität, wiederverwendbare Bibliotheken und Komponenten führen zu einer Erhöhung der Sicherheit, welche in diesem Fall auf die Investition bezogen ist [vgl. Siemens AG-SIMATIC STEP 7 für das TIA Portal, o.D.].

[1] „SIMATIC", „STEP 7" und „TIA Portal" sind eingetragene Marken des Unternehmens „Siemens AG".

2.1.2 Softwaremodule

Bei dem Unternehmen „TGW Logistics Group" wird in der SPS-Entwicklung bei den Funktionsblöcken zwischen Softwaremodulen und Nicht-Modulen unterschieden. Module repräsentieren Standardfunktionsblöcke und werden in einer Modulliste verwaltet. In der Regel repräsentieren diese Standardfunktionsblöcke mechatronische Komponenten wie ein Förderer für Kartons und Behälter. Diese erhalten eine vierstellige und einzigartige Nummer, die sogenannte Modulnummer. Der Name für ein Softwaremodul hat folgendes Format:

FB_xxxx_Name

Dabei steht die Abkürzung „FB" für „Funktionsbaustein" und „xxxx" steht für die vierstellige Modulnummer. Alle anderen Funktionsblöcke bilden die Nicht-Module und für diese gibt es keine eigene Liste oder eine Modulnummer. Im Allgemeinen können Module und Nicht-Module in einer Projektbibliothek vorkommen.

2.1.3 PLC-Programmiersprachen

Dieser Abschnitt beschreibt die SPS-Programmiersprachen STL, LAD, FBD und SCL, welche in der SPS-Entwicklung des Unternehmens „TGW Logistics Group" zum Einsatz kommen.

2.1.3.1 PLC-Programmiersprache STL

Die Abkürzung „STL" steht für „Statement List". Diese Programmiersprache ist im Deutschen auch als „Anweisungsliste" bekannt, wobei dieser Ausdruck auch mit „AWL" abgekürzt werden kann [vgl. DELTA LOGIC-Fachbegriffe, o.D.]. Die Programmiersprache „STL" ist eine maschinenorientierte Assemblersprache. Für diese Programmiersprache gibt es Instruktionen wie „LD" für das Laden eines Wertes in den Akkumulator oder „ST" für das Speichern eines Wertes von dem Akkumulator zu einer Variable [vgl. Darvas et al., 2023, S. 153]. Die PLC-Programmiersprache „STL“ von SIMATIC STEP 7 entspricht der PLC-Programmiersprache „AWL“ laut der Norm IEC 61131-3 [vgl. Siemens AG-Normerfüllung STEP 7, 2015, S. 7].

2.1.3.2 PLC-Programmiersprache LAD

Die Abkürzung „LAD“ steht für „Ladder Diagram“. Diese Programmiersprache ist im Deutschen auch als „Kontaktplan“ bekannt, wobei dieser Ausdruck auch mit „KOP“ abgekürzt werden kann [vgl. DELTA LOGIC-Fachbegriffe, o.D.]. Die Programmiersprache „LAD“ ist eine grafische Repräsentation eines Stromlaufplans und nutzt die Relais-Logik zur Realisierung boolescher Funktionen [vgl. Jia-Ming, 2016, S. 12]. Für diese Programmiersprache gibt es daher Kontakte für die Steuerung der Weitergabe der Werte und Spulen zum Speichern der Werte. Wenn im Bereich der linken und rechten Stromschiene Kontakte und Spulen durch vertikale und horizontale Linien verbunden werden, dann wird von einem KOP-Netzwerk gesprochen [vgl. Sütterlin, 2021, S. 10]. Die PLC-Programmiersprache „LAD“ von SIMATIC STEP 7 entspricht der PLC-Programmiersprache „KOP“ laut der Norm IEC 61131-3 [vgl. Siemens AG-Normerfüllung STEP 7, 2015, S. 7].

2.1.3.3 PLC-Programmiersprache FBD

Die Abkürzung „FBD“ steht für „Function Block Diagram“. Diese Programmiersprache ist im Deutschen auch als „Funktionsplan“ bekannt, wobei dieser Ausdruck auch mit „FUP“ abgekürzt werden kann [vgl. DELTA LOGIC-Fachbegriffe, o.D.]. Bei der Programmiersprache „FBD“ handelt es sich um eine grafische Programmiersprache. Diese PLC-Programmiersprache wird verwendet, um ein Steuerungsprogramm zu erhalten, welches angibt, wie die Blöcke miteinander verbunden sind. Diese Blöcke können entweder Funktionen, welche für den gleichen Eingangsparameter immer denselben Ausgangsparameter ausgeben oder Funktionsbausteine, welche einen internen Speicher für die vorherigen und aktuellen Zustände des

Funktionsbausteins besitzen, sein. Die Ausführung dieser Blöcke hängt von der Position im Programm ab, wobei die Ausführung dieser Blöcke von links nach rechts und von oben nach unten erfolgt [vgl. Hurtig, 2018, S. 9]. Die PLC-Programmiersprache „FBD“ von SIMATIC STEP 7 entspricht der PLC-Programmiersprache „FUP“ laut der Norm IEC 61131-3 [vgl. Siemens AG-Normerfüllung STEP 7, 2015, S. 7].

2.1.3.4 PLC-Programmiersprache SCL

Die Abkürzung „SCL“ steht für „Structured Control Language“. Diese Programmiersprache ist auch als „Structured Text “ bekannt, wobei dieser Ausdruck auch mit „ST“ abgekürzt werden kann [vgl. DELTA LOGIC-Fachbegriffe, o.D.]. Die PLC-Programmiersprache „SCL“ ist eine Hochsprache, welche auf der Programmiersprache „PASCAL“ basiert [vgl. van den Helder, 2016, S. 7]. Die Programmiersprache „PASCAL“ bietet Möglichkeiten für die Strukturierung von Daten wie strukturierte Datentypen oder Dateistrukturen [vgl. Wirth, 1973, S. 2]. Mit der Programmiersprache „SCL“ können auch komplexe Probleme gelöst werden [vgl. van den Helder, 2016, S. 7]. Die Programmiersprache „SCL“ bietet nämlich u.a. Schleifen, Fallunterscheidungen und vordefinierte Datentypen wie „BOOL“ oder „INT“ zur Problemlösung an [vgl. van den Helder, 2016, S. 8]. Die PLC-Programmiersprache „SCL“ von SIMATIC STEP 7 entspricht der PLC-Programmiersprache „ST“ laut der Norm IEC 61131-3 [vgl. Siemens AG-Normerfüllung STEP 7, 2015, S. 7].

2.1.4 PLC-Variablentabellen

Eine PLC-Variablentabelle enthält Definitionen für symbolische Konstanten und Variablen, welche in der gesamten CPU gültig sind. Es gibt eine PLC-Standard-Variablentabelle, welche Variablen, Benutzerkonstanten und Systemkonstanten enthält. Die PLC-Standard-Variablentabelle kann nicht gelöscht, nicht verschoben oder nicht umbenannt werden. Es gibt aber auch die Möglichkeit, benutzerdefinierte PLC-Variablentabellen zu definieren, welche Variablen und Benutzerkonstanten enthalten können. Benutzerdefinierte PLC-Variablentabellen können umbenannt, gelöscht oder in Gruppen gesammelt werden [vgl. Siemens AG-STEP 7 Engineering, 2023, S. 8491].

2.1.5 PLC-Datentypen

Ein PLC-Datentyp ist ein benutzerdefinierter Datentyp, welcher sehr komplex werden kann und für die Deklaration einer Variable verwendet wird. Ein PLC-Datentyp repräsentiert eine Datenstruktur und besteht aus mehreren Komponenten mit unterschiedlichen Datentypen. Die Komponenten können von einem Array, von einem anderen PLC-Datentypen oder von einer Struktur, welche mit dem Schlüsselwort „STRUCT“ erzeugt wird, abgeleitet sein. Der Vorteil von PLC-Datentypen besteht darin, dass ein PLC-Datentyp zentral geändert werden kann und alle Stellen, wo dieser PLC-Datentyp verwendet wird, automatisch diese Änderungen des PLC-Datentyps übernehmen [vgl. Siemens AG-STEP 7 Engineering, 2023, S. 278-279].

2.1.6 SimaticML-Dokumentenanalyse

Die Abkürzung „SimaticML“ steht für „SIMATIC Markup Language“. SimaticML ist ein von dem Unternehmen „Siemens AG“ definierter Standard, welcher auf XML basiert. Mit diesem Standard können im TIA Portal Softwaredaten ausgetauscht werden. Wenn z.B. ein Programmbaustein mit der TIA Portal Openness API exportiert oder importiert wird, dann wird dabei der Siemens-Standard „SimaticML“ verwendet [vgl. Siemens AG-SimaticML, 2025]. Bei der SimaticML-Dokumentenanalyse wird nun das entsprechende SimaticML-Dokument eines Funktionsbausteins, einer PLC-Variablentabelle oder eines PLC-Datentyps generiert und die Funktionen der SimaticML-Dokumentenanalyse, welche in Abschnitt 3.3 definiert sind, werden auf das

SimaticML-Dokument angewandt. Abbildung 1 zeigt den Ausschnitt eines SimaticML-Dokuments eines Funktionsbausteins.

```
<SW.Blocks.FB ID="0">
  <AttributeList>
    <AutoNumber>true</AutoNumber>
    <HeaderAuthor />
    <HeaderFamily />
    <HeaderName />
    <HeaderVersion>0.1</HeaderVersion>
```

Abbildung 1: Ausschnitt eines SimaticML-Dokuments für einen Funktionsbaustein

2.1.7 MVP-Pattern

Die Abkürzung „MVP“ steht für „Model View Presenter“ [vgl. Qureshi et al., 2013, S. 7]. Es gibt bei diesem Pattern die Elemente „View“, „Presenter“ und „Model“. Die View kommuniziert mit dem Presenter und die Rollen für unterschiedliche Views können für denselben Presenter geändert werden. In der View wird keine Geschäftslogik implementiert. Nur der Presenter liest und ruft die Daten vom Model ab. Das Model enthält die Daten und die Funktionen, welche mit den Daten in Verbindung stehen. Die View kennt das Model, aber das Model kennt nicht die View [vgl. Qureshi et al., 2013, S. 8]. Eine Separation der Daten von der grafischen Benutzeroberfläche bringt folgenden Vorteil mit sich: Wenn Änderungen am Model vorgenommen werden, dann müssen keine Änderungen an der grafischen Benutzeroberfläche durchgeführt werden und vice versa [vgl. Potel, 1996, S. 3].

2.2 Software-Toolbestand

In diesem Abschnitt werden die verwendeten Softwareprodukte des Unternehmens „Siemens AG“ und des Unternehmens „AUVESY-MDT“ erläutert.

2.2.1 TIA PORTAL

Die Abkürzung „TIA“ steht für „Totally Integrated Automation”. Das TIA Portal bietet die Möglichkeit, einen digitalen Zwilling einer Anlage zu generieren. Damit kann die Anlage getestet werden, bevor sie aufgebaut wird. Diese digitalen Zwillinge sind auch mit der IT und der Cloud verbunden. Mit dem TIA Portal können auch wichtige Automatisierungsbestandteile wie z.B. eine Steuerung oder das Energiemanagement programmiert werden. Bei der Programmierung gibt es Unterstützung durch Bibliotheken, welche häufig verwendete Funktionen beinhalten. Mit dem TIA Portal ist auch ein transparenter Betrieb möglich. Dafür werden Daten gesammelt und Analysen durchgeführt. Dies kann z.B. bei der Energieeffizienz eine wichtige Rolle spielen [vgl. Siemens AG-TIA Portal, o.D.]. Für die Realisierung des Testmanagement-Frameworks wird TIA Portal Version 19 verwendet.

2.2.2 TEST SUITE ADVANCED

Test Suite Advanced besteht aus dem Styleguide, dem Applikationstest und dem Systemtest [vgl. Siemens AG-Test Suite Advanced, 2023, S. 3]. Der Styleguide dient zur Definition von Regelsätzen, welche mit der Hilfe von Programmierrichtlinien erstellt werden [vgl. Siemens AG-Test Suite Advanced, 2023, S. 7]. Der Styleguide dient auch zur Überprüfung der Einhaltung dieser Regelsätze [vgl. Siemens AG-Test Suite Advanced, 2023, S. 28]. Mit dem Applikationstest können Testfälle zur Überprüfung von Anwendungsfällen erstellt [vgl. Siemens AG-Test Suite Advanced, 2023, S. 39], in PLCSIM Advanced geladen und dort ausgeführt werden [vgl. Siemens AG-Test Suite Advanced, 2023, S. 58]. Mit dem Systemtest können mit einem OPC UA-Server Hardware-in-the-Loop- oder Software-in-the-Loop-Tests durchgeführt werden [vgl. Siemens AG-Test Suite Advanced, 2023, S. 71]. Dafür werden wieder Testfälle erstellt und in die physische bzw. simulierte PLC geladen und dort wieder ausgeführt [vgl. Siemens AG-Test Suite Advanced, 2023, S. 95-

97]. Der Systemtest von Test Suite Advanced wird nicht in das Testmanagement-Framework integriert, da es beim Standort des Unternehmens „TGW Logistics Group“ in Wels bereits eine eigene Anlagenemulation für Kundenprojekte gibt. Für die Realisierung des Testmanagement-Frameworks wird Test Suite Advanced Version 19 verwendet.

2.2.3 TIA Portal Openness API

In TIA Portal Openness werden offene Schnittstellen für das TIA Portal beschrieben. Über TIA Portal Openness kann mit einem externen Programm auf das TIA Portal zugegriffen werden. Mit TIA Portal Openness können Projektdaten erstellt, Projektdaten und Projekte geändert, Projektdaten gelöscht, Projektdaten eingelesen und Projektdaten und Projekten anderen Applikationen zur Verfügung gestellt werden. Diese API des TIA Portal Projekts dient dazu, Projektdaten bereitzustellen, um auf einen TIA Portal Prozess zuzugreifen und die Projektdaten zu nutzen. Mit TIA Portal Openness kann auf Antriebsdaten, HMI-Daten, PLC-Daten, Projektdaten und Portaldaten zugegriffen werden [vgl. Siemens AG-TIA Portal Openness, 2023, S. 50-52]. Für die Realisierung des Testmanagement-Frameworks wird die TIA Portal Openness API von TIA Portal Version 19 verwendet.

2.2.4 PLCSIM Advanced

Mit PLCSIM Advanced kann eine PLC simuliert werden. Es wird keine echte Hardware dafür benötigt. Mit dem TIA Portal kann die CPU konfiguriert und die Programmlogik implementiert werden. Dieses TIA Portal Projekt, welches eine Hardwarekonfiguration und Programmen enthält, wird in die simulierte PLC geladen, welche durch PLCSIM Advanced generiert wurde. Mit dem TIA Portal können dann die Signale der Ein- und Ausgänge beobachtet werden. Die Kommunikation mit PLCSIM ADVANCED kann mit dem Softbus auf den lokalen Rechner oder der virtuellen Maschine beschränkt werden. Die

Kommunikation kann aber auch über einem Ethernet-Anschluss für dezentrale Systeme erfolgen. Es können auch eigene C#- bzw. C++-Programme mit der API von PLCSIM Advanced interagieren, um die Simulationsfunktionen zu erweitern. Diese Erweiterung beinhaltet die Simulation von Prozessalarmen, das Stoppen der Simulation und die Synchronisierung mit anderen Simulationspartnern. PLCSIM Advanced wird unter anderem zum Testen der Programme des TIA Portal-Projekts oder für die Software-in-the-Loop-Simulation zur virtuellen Inbetriebnahme z.B. für die Werkzeugmaschine einer Anlage verwendet [vgl. Siemens AG-PLCSIM Advanced, 2023, S. 15]. Für die Realisierung des Testmanagement-Frameworks wird PLCSIM Advanced Version 6 verwendet.

2.2.5 OCTOPLANT[2]

Das Datenmanagementsystem „octoplant“, welches von dem Unternehmen „AUVESY-MDT“ vertrieben wird, kann für das Management von Daten und Projektversionen in der Produktion verwendet werden. Damit können Daten automatisch gespeichert und Softwarestände versioniert werden. Die Daten eines Projektes werden zentral verwaltet. Ein Projekt beinhaltet im Allgemeinen das Programm für die Steuerung des Produktionsprozesses, die in dem Programm vorkommenden Parameter und Sollwerte und die Zuordnung zu einer eindeutigen Version. Die Software „octoplant“ bietet u.a. eine integrierte Datenbank, eine zentrale Datenablage und eine Installationsroutine für das gesamte System. Die Haupteinsatzgebiete von octoplant sind die automatisierte Produktion für das Betreiben von Steuerungen und vernetzten Geräten und das Projektmanagement für die Konzeption und Konstruktion von Maschinen und Anlagen [vgl. octoplant-

[2] „octoplant“ ist eine eingetragene Marke des Unternehmens „AUVESY-MDT“.

Infos, 2023]. Für die Realisierung des Testmanagement-Frameworks wird octoplant Version 101.4.0.60000 verwendet.

2.3 Stand der Technik

Es werden verschiedene Ansätze für das Testen von PLC-Programmen in der Literatur beschrieben. In einem Ansatz wird ein Testframework für PLC-Programme vorgestellt, welches auf PLCSIM Advanced, dessen C# - API und TIA Portal Openness basiert. Die Testfälle können in einem Tabellenformat definiert werden. Während der Ausführung der Tests, erhalten die Inputs des zu testenden Programms die Werte, welche für den Testfall angegeben wurden, die Outputs des Programms werden aufgezeichnet und in einem Testreport festgehalten. Dies ermöglicht eine präzise Testautomatisierung ohne Hardware, da diese durch PLCSIM Advanced simuliert wird oder ohne menschliche Eingriffe. Bei Unit-Tests werden die Programmblöcke teilweise isoliert, indem von einem Steuerungsprogramm ausgehend ein neues Projekt generiert wird [vgl. Viñuela et al., 2019, S. 1110]. Im Folgenden werden nun Unterschiede und Gemeinsamkeiten für das Testframework, welches in [vgl. Viñuela et al., 2019, S. 1107-1110] vorgestellt wird und dem Testmanagement-Framework, welches in dieser vorliegenden Arbeit präsentiert wird, herausgearbeitet.

Das Testframework von Viñuela et al. nutzt PLCSIM Advanced, dessen C# - API und TIA Portal Openness [vgl. Viñuela et al., 2019, S. 1110]. Das Testmanagement-Framework, welches in der vorliegenden Arbeit vorgestellt wird, nutzt neben PLCSIM Advanced, dessen C# - API und TIA Portal Openness auch noch den Styleguide und den Applikationstest von Test Suite Advanced und octoplant für die Versionierung von TIA Portal Projekten. Die Tests, welche im Arbeitsblatt „Configuration" der Konfigurationsdatei definiert werden, werden in einem Tabellenformat dargestellt, aber der Aufbau dieser

Tabelle unterscheidet sich vom Aufbau der Tabelle, welche in einem Beispiel in [vgl. Viñuela et al., 2019, S. 1109] vorgestellt wird. Bei der verwendeten Testtabelle von Viñuela et al. repräsentiert eine Spalte eine Variable, welche einen Speicherplatz oder einen symbolischen Namen darstellt und eine Zeile repräsentiert einen Testschritt, wobei einzelne Zellen einer Zeile entweder einen Inputparameter für einen Input oder einen erwarteten Wert für einen Output enthalten können [vgl. Viñuela et al., 2019, S. 1108]. Bei der im Arbeitsblatt „Configuration" der Konfigurationsdatei definierten Tabelle repräsentiert eine Zeile einen Test und die Spalten stellen Informationen wie Name des PLC-Geräts oder Name des Testobjekts für diesen Test dar.
Für einen Unit-Test werden die Blöcke, welche isoliert werden sollen, in einem neuen Testprojekt, welches von einem Testprojektgenerator erstellt wurde, eingefügt, wie in [vgl. Viñuela et al., 2019, S. 1109] ausgeführt wird. Mit dem Testmanagement-Framework, welches in der vorliegenden Arbeit vorgestellt wird, können auch Unit-Tests für Funktionsbausteine ausgeführt werden, aber es gibt dafür eine Projektvorlage und es wird kein neues Projekt für die ausgewählten Funktionsbausteine generiert. In dieser Projektvorlage sind die Funktionsbausteine mit den jeweiligen Aufrufen der Funktionsbausteine und den benötigten Abhängigkeiten zu anderen Objekten bereits vor Ausführung der Unit-Tests eingefügt worden. Die Unit-Tests werden im Anschluss mit dieser Projektvorlage ausgeführt.

Ein Testreport des Testframeworks, welches von Viñuela et al. stammt, kann in unterschiedlichen Formaten wie Klartext, HTML oder als Zeitdiagramm dargestellt werden. Dabei wird in jedem Zyklus das Systemverhalten aufgenommen, um detaillierte Testreports erstellen zu können [vgl. Viñuela et al., 2019, S. 1109]. Das Testmanagement-Framework, welches in der vorliegenden Arbeit vorgestellt wird, gibt die Ergebnisse für die Tests nur in einem bestimmten Testformat zurück. Dabei wird ein XML-Dokument ausgegeben und die Daten des XML-Dokuments können nach Excel importiert werden. Des Weiteren werden nur die Endergebnisse der ausgewählten Tests im Testreport dargestellt und es wird nicht das Verhalten des Systems nach jedem Zyklus aufgezeichnet. Der vom Testmanagement-Framework erstellte Testreport enthält keine Diagramme wie z.B. ein Zeitdiagramm.

Bei einem anderen Ansatz wird eine vollständige CI/CD-Pipeline für PLC-Programme zusammen mit den verwendeten Softwareprodukten beschrieben [vgl. Schofield et al., 2021, S. 482]. Die Abkürzung „CI“ steht für „Continuous Integration“ und bezeichnet eine Methode, welche regelmäßig Änderungen in ein zentrales Repository integriert. Dabei werden in den meisten Fällen automatisiert der Code kompiliert und Tests ausgeführt. Die Abkürzung „CD“ steht für „Continuous Deployment“ und bezeichnet eine Methode, welche automatisiert das Ergebnis des „CI“-Prozesses z.B. für eine Produktionsumgebung bereitstellt [vgl. Schofield et al., 2021, S. 478]. Im ersten Schritt wird in der CI/CD-Pipeline ein Build erstellt und anschließend in eine PLC geladen. Nun können die Tests ausgeführt werden und ein Testreport wird erstellt. Der Prozessablauf der CI/CD-Pipeline wird in [vgl. Schofield et al., 2021, S. 482] erläutert. Im Folgenden werden nun die CI/CD-Pipeline, welche in [vgl. Schofield et al., 2021, S. 478-483] vorgestellt wird und das Testmanagement-Framework, welches in dieser vorliegenden Arbeit präsentiert wird, miteinander verglichen.

Für das automatisierte Testen von PLC-Programmen wird ein PLC-Programm erstellt, welches entweder identisch mit dem in der Produktion verwendeten PLC-Programm ist oder ihm sehr nahekommt. Dieses PLC-Programm wird im Anschluss auf eine physische PLC geladen. Im nächsten Schritt wird eine Testumgebung extern implementiert und die Testumgebung nutzt für die Ausführung der Tests unterschiedliche Schnittstellen, um mit der PLC interagieren zu können. Diese Schnittstellen interagieren auf der Ebene des

Feldbusses, auf der Ebene des PLC-Programms und auf der Ebene der Überwachung. Diese Schnittstellen werden simuliert [vgl. Schofield et al., 2021, S. 480]. Das Testmanagement-Framework, welches in der vorliegenden Arbeit vorgestellt wird, ist in keiner CI/CD-Pipeline eingebunden. Es wird keine physische PLC benötigt und eine Testumgebung muss nicht extern implementiert werden. Tests können automatisiert ausgeführt werden, aber es werden dabei keine Schnittstellen zu einem Feldbus, zu einem OPC UA Server oder zu einem Prozessleitsystem simuliert. Beim automatisierten Ablauf des Testmanagement-Frameworks werden die in der Konfigurationsdatei definierten Tests für ein bestimmtes TIA Portal Projekt ausgeführt. Für die Ausführung von Regelsätzen wird der Styleguide der Test Suite Advanced benötigt. Für die Ausführung der SimaticML-Dokumentenanalyse wird ein SimaticML-Dokument eines Funktionsbausteins, einer PLC-Variablentabelle oder eines PLC-Datentyps benötigt. Für die Ausführung von Testfällen wird der Applikationstest von Test Suite Advanced, eine mit PLCSIM Advanced simulierte PLC-Instanz und eine Projektvorlage benötigt.

3 TESTMANAGEMENT-FRAMEWORK

3.1 ANFORDERUNGEN

In diesem Abschnitt werden die Anforderungen für das Testmanagement-Framework vorgestellt.

3.1.1 FORMAT DER ANFORDERUNGEN

Die Anforderungen für das Testmanagement-Framework werden im folgenden Format verfasst [vgl. Max Rehkopf, o.D.]:

"As a [persona], I [want to], [so that]."

Im Folgenden werden die einzelnen Bestandteile des Formats einer Anforderung analysiert:

1) „As a [persona]" - Dieser Bestandteil beschreibt, für wen die Anforderung entwickelt wird. Dabei steht nicht der Jobtitel der Person, sondern die Person selbst im Vordergrund. Es sollte im Entwicklerteam ein gemeinsames Verständnis über diese Person geben. Es sollte bekannt sein, wie diese Person arbeitet, wie diese Person denkt und fühlt.

2) „I [want to]" – Dieser Bestandteil beschreibt die Absicht der Person. Es geht bei diesem Bestandteil nicht darum, die Features zu beschreiben, mit denen die Person interagiert. Hier stellt sich die Frage, welches Ziel die Person erreichen will. Dieser Bestandteil sollte unabhängig von der Implementierung sein.

3) „[so that]" – Dieser Bestandteil beschreibt das große Problem, welches für die Person gelöst werden soll und welcher Nutzen damit erreicht werden soll.

3.1.2 Anforderungen an den Styleguide

Im Folgenden werden die Anforderungen für den Styleguide vorgestellt:

- *User Story 1:* Als ein SPS-Programmierer bzw. eine SPS-Programmiererin möchte ich bei Funktionsbausteinen die Interfacevariablen auf das Vorhandensein eines Kommentars überprüfen, damit für jede Interfacevariable eine Beschreibung vorhanden ist.

- *User Story 2:* Als ein SPS-Programmierer bzw. eine SPS-Programmiererin möchte ich bei Funktionsbausteinen die Interfacevariablen je Zuordnung wie Input, Output, usw. mit dem entsprechenden Präfix wie „I", „Q" usw. überprüfen, damit die Zuordnung in der jeweiligen Interfacevariable abgebildet wird und die Codierrichtlinien eingehalten werden.

- *User Story 3:* Als ein SPS-Programmierer bzw. eine SPS-Programmiererin möchte ich das Vorhandensein der Eigenschaften eines Funktionsbausteins wie Autor, Titel usw. überprüfen, damit die Verantwortlichkeit für die Entwicklung des Funktionsbausteins und der Zweck bzw. die Aufgabe des Funktionsbausteins dokumentiert sind.

- *User Story 4:* Als ein SPS-Programmierer bzw. eine SPS-Programmiererin möchte ich bei PLC-Variablentabellen das Vorhandensein eines Kommentars bei Variablen und Benutzerkonstanten überprüfen, damit für jede Variable und Benutzerkonstante einer PLC-Variablentabelle eine Beschreibung vorhanden ist.

- *User Story 5:* Als ein SPS-Programmierer bzw. eine SPS-Programmiererin möchte ich bei PLC-Datentypen die Einträge auf das

Vorhandensein eines Kommentars überprüfen, damit für die Einträge eines PLC-Datentyps eine Beschreibung vorhanden ist.

3.1.3 ANFORDERUNGEN AN DEN APPLIKATIONSTEST

Im Folgenden werden die Anforderungen für den Applikationstest vorgestellt:

- *User Story 1:* Als ein SPS-Programmierer bzw. eine SPS-Programmiererin möchte ich bei Funktionsbausteinen das Vorhandensein des Fehlersignals bei Setzen eines Fehlerbits überprüfen, damit jeder Fehler mit dem Fehlersignal erkannt wird.
- *User Story 2:* Als ein SPS-Programmierer bzw. eine SPS-Programmiererin möchte ich bei Funktionsbausteinen das Vorhandensein des Fehlersignals überprüfen, wenn der Fehler nicht mehr anliegt und quittiert wurde, damit das Fehlersignal nach dem Quittieren zurückgesetzt wird.
- *User Story 3:* Als ein SPS-Programmierer bzw. eine SPS-Programmiererin möchte ich generisch Testfälle für die Fehlerbits anhand des Datentyps erstellen, damit ich nicht diesen Testfall für jeden Fehlerbit manuell durchführen muss.

3.1.4 ANFORDERUNGEN AN DIE SIMATICML-DOKUMENTENANALYSE

Im Folgenden werden die Anforderungen für die SimaticML-Dokumentenanalyse vorgestellt:

- *User Story 1:* Als ein SPS-Programmierer bzw. eine SPS-Programmiererin möchte ich die Eigenschaft „Programmiersprache" eines Funktionsbausteins auf die Bezeichnung „STL" überprüfen, damit dieser Funktionsbaustein wegen Performanceverbesserungen nicht in der PLC-Programmiersprache „STL“ verfasst ist [vgl. Siemens AG-Programmierstyleguide, 2020, S. 56-PE015].

- *User Story 2:* Als ein SPS-Programmierer bzw. eine SPS-Programmiererin möchte ich, dass kein Netzwerk eines Funktionsbausteins in der Programmiersprache „STL“ verfasst ist, damit eine Performanceverbesserung erreicht wird [vgl. Siemens AG-Programmierstyleguide, 2020, S. 56-PE015].

- *User Story 3:* Als ein SPS-Programmierer bzw. eine SPS-Programmiererin möchte ich bei einem Funktionsbaustein alle Netzwerke auf das Vorhandensein eines Titels und eines Kommentars, welche in der Sprache britisches Englisch verfasst sein müssen, überprüfen, damit die Aufgabe und Funktion des Netzwerkes dokumentiert und ersichtlich ist.

- *User Story 4:* Als ein SPS-Programmierer bzw. eine SPS-Programmiererin möchte ich eine Beschreibung der Versionsgeschichte eines Funktionsbausteins in der Sprache britisches Englisch vorliegen haben, damit die Version und die Änderungen an diesem Funktionsbaustein dokumentiert werden.

- *User Story 5:* Als ein SPS-Programmierer bzw. eine SPS-Programmiererin möchte ich einen Kommentar bei Benutzerkonstanten und Variablen einer PLC-Variablentabelle in der Sprache britisches Englisch vorliegen haben, damit die Bedeutung der Variable bzw. Benutzerkonstante ersichtlich ist.

- *User Story 6:* Als ein SPS-Programmierer bzw. eine SPS-Programmiererin möchte ich einen Kommentar bei allen Einträgen eines

PLC-Datentyps in der Sprache britisches Englisch vorliegen haben, damit die Bedeutung der Einträge des Datentyps ersichtlich ist.

- *User Story 7:* Als ein SPS-Programmierer bzw. eine SPS-Programmiererin möchte ich bei einem SCL-Programm bzw. SCL-Netzwerk statt einer „IF“-Anweisung mit mindestens 3 „ELSIF“-Zweigen eine CASE-Anweisung verwenden, damit das SCL-Programm bzw. SCL-Netzwerk übersichtlicher wird [vgl. Siemens AG-Programmierstyleguide, 2020, S. 51-DA016].

- *User Story 8:* Als ein SPS-Programmierer bzw. eine SPS-Programmiererin möchte ich bei einem SCL-Programm bzw. SCL-Netzwerk bei einer CASE-Anweisung einen ELSE-Zweig haben, damit Fehler, welche zu der Laufzeit auftreten, gemeldet werden können [vgl. Siemens AG-Programmierstyleguide, 2020, S. 51-DA017].

- *User Story 9:* Als ein SPS-Programmierer bzw. eine SPS-Programmiererin möchte ich sicherstellen, dass ein Ausgang eines Funktionsbausteins nicht bei SCL-, FBD- und LAD-Netzwerken mehrfach beschrieben wird, damit die Ausgänge konsistent gehalten werden [vgl. Siemens AG-Programmierstyleguide, 2020, S. 42-DA008].

- *User Story 10:* Als ein SPS-Programmierer bzw. eine SPS-Programmiererin möchte ich eine Meldung erhalten, wenn ein Wert eines Ausgangs eines Funktionsbausteines in SCL-, FBD- und LAD-Netzwerken desselben Funktionsbausteins gelesen wird, damit der Programmcode übersichtlich ist [vgl. Siemens AG-Programmierstyleguide, 2020, S. 42-DA008].

- *User Story 11:* Als ein SPS-Programmierer bzw. eine SPS-Programmiererin möchte ich den letzten Versionseintrag der

Versionsgeschichte eines Funktionsbausteins, welcher sich im Bereich „Block comment" befindet, gegen die Eigenschaft „Version" eines Funktionsbausteins überprüfen, damit der Eintrag in der Versionsgeschichte dem Wert in der Eigenschaft „Version" entspricht.

- *User Story 12:* Als ein SPS-Programmierer bzw. eine SPS-Programmiererin möchte ich überprüfen, ob jede Interfacevariable eines Funktionsblocks im Code verwendet wird, damit es keine Interfacevariablen gibt, welche deklariert sind, aber nie verwendet werden [vgl. Siemens AG-Programmierstyleguide, 2020, S. 43-DA009].
- *User Story 13:* Als ein SPS-Programmierer bzw. eine SPS-Programmiererin möchte ich In-, Out- und InOut-Variablen eines Funktionsbausteins auf den Datentyp „Struct" überprüfen, damit bei diesen Variablen kein Datentyp „Struct" sondern ein PLC-Datentyp verwendet wird, da Änderungen in PLC-Datentypen automatisch bei allen Anwendungsstellen aktualisiert werden und der Datenaustausch, an dem mehrere Bausteine beteiligt sind, vereinfacht wird [vgl. Siemens AG-Programmierstyleguide, 2020, S. 41-DA004].
- *User Story 14:* Als ein SPS-Programmierer bzw. eine SPS-Programmiererin möchte ich, dass die Eigenschaft „Set in IDB" bei keiner Interfacevariable eines Funktionsblocks gesetzt ist, da kein Umkopieren von einem Datenformat zu einem anderen Datenformat stattfindet und die Performance dadurch verbessert wird [vgl. Siemens AG-Programmierstyleguide, 2020, S. 52-PE002].
- *User Story 15:* Als ein SPS-Programmierer bzw. eine SPS-Programmiererin möchte ich, dass Laufvariablen für FOR-Schleifen von SCL-Programmen bzw. -Netzwerken mit dem Datentyp „DInt" deklariert werden, da der Datentyp „DInt" am performantesten vom Prozessor

verarbeitet werden kann [vgl. Siemens AG-Programmierstyleguide, 2020, S. 54-PE008].

- *User Story 16:* Als ein SPS-Programmierer bzw. eine SPS-Programmiererin möchte ich, dass bei einer Flankenerkennung für die steigende und fallende Flanke in einem SCL-Programm bzw. SCL-Netzwerk keine „IF/ELSE"-Anweisung, sondern eine boolesche Operation verwendet wird, damit die Performance verbessert werden kann [vgl. Siemens AG-Programmierstyleguide, 2020, S. 55-PE011]. Abbildung 2 zeigt den SCL-Code einer Flankenerkennung für die steigende bzw. fallende Flanke.

```
// Format Rising Edge:
// IF #trigger AND NOT #statTriggerOld THEN
// #tempIsTrigger := TRUE;
// ELSE
// #tempIsTrigger := FALSE;
// END_IF;
// Store trigger for next cycle
// #statTriggerOld := #trigger;

// Format Falling Edge:
// Check for falling edge
// IF NOT #trigger AND #statTriggerOld THEN
// # tempIsTrigger := TRUE;
// ELSE
// # tempIsTrigger := FALSE;
// END_IF;
// Store trigger for next cycle
// # statTriggerOld := #trigger;
```

Abbildung 2: SCL-Code zur Detektion einer steigenden bzw. fallenden Flanke

- *User Story 17:* Als ein SPS-Programmierer bzw. eine SPS-Programmiererin möchte ich die Verwendung der speicherintensiven Anweisungen "GetSymbolName", "GetSymbolPath", "GetInstanceName" und "GetInstancePath" vermeiden, damit der Bedarf an Arbeitsspeicher gesenkt wird [vgl. Siemens AG-Programmierstyleguide, 2020, S. 55-PE013].

- *User Story 18:* Als ein SPS-Programmierer bzw. eine SPS-Programmiererin möchte ich die Verwendung der laufzeitintensiven Systemfunktionen "WRITE_DBL", "READ_DBL", "FileRead" und "FileWrite" vermeiden, damit die Laufzeit des Gesamtprogramms nicht durch diese Systemfunktionen verlängert wird [vgl. Siemens AG-Programmierstyleguide, 2020, S. 56-PE014].

- *User Story 19:* Als ein SPS-Programmierer bzw. eine SPS-Programmiererin möchte ich Kennzahlen wie Anzahl an Codezeilen in SCL-, FBD-, LAD- und STL-Netzwerken, wobei bei FBD- und LAD-Netzwerken ein Aufruf eines Blocks gleich einer Codezeile entspricht, Gesamtanzahl an Codezeilen und Anzahl an SCL-, FBD-, LAD- und STL-Netzwerken und die Gesamtanzahl an Netzwerken ermitteln, damit die Qualität des Codes bewertet und Optimierungspotentiale hinsichtlich der Effizienz und der Leistung des Programms aufgezeigt werden können.

3.1.5 Anforderungen an den Prozess

Im Folgenden werden die Anforderungen für den Prozess vorgestellt:

- *User Story 1:* Als ein SPS-Programmierer bzw. eine SPS-Programmiererin möchte ich jede auftretende Fehlermeldung der Applikation in Klartext vorliegen haben, damit der Fehler für den Benutzer verständlich ist und mit den Informationen aus der Fehlermeldung behoben werden kann.

- *User Story 2:* Als ein SPS-Programmierer bzw. eine SPS-Programmiererin möchte ich die Testergebnisse in einem Testreport, der ein XML-Dokument darstellt, festgehalten haben, damit die Tests nachvollzogen werden können.

- *User Story 3:* Als ein SPS-Programmierer bzw. eine SPS-Programmiererin möchte ich automatisiert Regelsatzprüfungen, Testfallausführungen und SimaticML-Dokumentenanalysen durchführen können, damit Überprüfungen auch außerhalb der regulären Arbeitszeiten, wie z.B. in der Nacht, durchgeführt werden können.

- *User Story 4:* Als ein SPS-Programmierer bzw. eine SPS-Programmiererin möchte ich automatisiert TIA Portal Projekte aus der Software „octoplant" auschecken können, da dort die TIA Portal Projekte versioniert werden.

- *User Story 5:* Als ein SPS-Programmierer bzw. eine SPS-Programmiererin möchte ich manuell Regelsatzprüfungen, Testfallausführungen und SimaticML-Dokumentenanalysen durchführen können, damit ich während der Entwicklung eines SPS-Programmes entsprechende Überprüfungen durchführen kann.

- *User Story 6:* Als ein SPS-Programmierer bzw. eine SPS-Programmiererin möchte ich, dass die Konfigurationsdatei alle benötigten Einstellungen und Informationen enthält, damit Regelsatzprüfungen, Testfallausführungen und SimaticML-Dokumentenanalysen durchgeführt werden können.

3.2 Regelsätze des Testmanagement-Frameworks

Im Folgenden werden die verwendeten Regelsätze des Testmanagement-Frameworks vorgestellt:

1) <u>TGW_Module_Guidelines:</u>

Dieser Regelsatz wird zur Überprüfung von Softwaremodulen verwendet. Der Regelsatz „TGW_Module_Guidelines" besteht aus folgenden Regeln:

- *Regel 1:* Die Regel „Prefix Datatype Bool Input: IX_ or ix_“ ist vom Regeltyp „Prefix suffix“ mit der zusätzlichen Eigenschaft „Datentyp“ und überprüft eine Input-Variable eines Codebausteins vom Typ Bool auf den Identifizierer „IX_“ bzw. „ix_“, welcher für den Datentyp Bool steht. Diese Regel reagiert aber auch auf alle anderen Varianten z.B. „Ix_“ oder „iX_“, welche aber falsch sind. Im Kommentar wird auf diesen Umstand verwiesen und es werden auch die richtigen Identifizierer genannt. Die Groß-bzw. Kleinschreibung des Identifizierers wird bei der Überprüfung vernachlässigt. Bei Vorliegen einer Regelverletzung wird eine Fehlermeldung ausgegeben.

- *Regel 2:* Die Regel „Prefix Datatype Bool Output: QX_ or qx_“ ist vom Regeltyp „Prefix suffix“ mit der zusätzlichen Eigenschaft „Datentyp“ und überprüft eine Output-Variable eines Codebausteins vom Typ Bool auf den Identifizierer „QX_“ bzw. „qx_“, welcher für den Datentyp Bool steht. Diese Regel reagiert aber auch auf alle anderen Varianten z.B. „Qx_“ oder „qX_“, welche aber falsch sind. Im Kommentar wird auf diesen Umstand verwiesen und es werden auch die richtigen Identifizierer genannt. Die Groß- bzw. Kleinschreibung des Identifizierers wird bei der Überprüfung vernachlässigt. Bei Vorliegen einer Regelverletzung wird eine Fehlermeldung ausgegeben.

- *Regel 3:* Die Regel „Prefix Datatype Bool InOut: IQX_ or iqx_“ ist vom Regeltyp „Prefix suffix“ mit der zusätzlichen Eigenschaft „Datentyp“ und überprüft eine InOut-Variable eines Codebausteins vom Typ Bool auf den Identifizierer „IQX_“ bzw. „iqx_“, welcher für den Datentyp Bool steht. Diese Regel reagiert aber auch auf alle anderen Varianten z.B. „Iqx_“ oder „iqX_“, welche aber falsch sind. Im Kommentar wird auf diesen Umstand verwiesen und es werden auch die richtigen Identifizierer genannt. Die Groß- bzw. Kleinschreibung des Identifizierers wird bei der

Überprüfung vernachlässigt. Bei Vorliegen einer Regelverletzung wird eine Fehlermeldung ausgegeben.

- *Regel 4:* Die Regel „Prefix Array Input: IA or ia“ ist vom Regeltyp „Prefix suffix“ mit der zusätzlichen Eigenschaft „Variablentyp“ und überprüft ein Array von Input-Variablen eines Codebausteins auf den Identifizierer „IA“ bzw. „ia“, welcher für ein Array von Input-Variablen steht. Diese Regel reagiert aber auch auf alle anderen Varianten z.B. „Ia“ oder „iA“, welche aber falsch sind. Im Kommentar wird auf diesen Umstand verwiesen und es werden auch die richtigen Identifizierer genannt. Die Groß- bzw. Kleinschreibung des Identifizierers wird bei der Überprüfung vernachlässigt. Bei Vorliegen einer Regelverletzung wird eine Fehlermeldung ausgegeben.

- *Regel 5:* Die Regel „Prefix Function Block: FB_“ ist vom Regeltyp „Prefix suffix“ und überprüft einen Funktionsblock auf den Identifizierer „FB_“. Die Groß- bzw. Kleinschreibung des Identifizierers wird bei der Überprüfung berücksichtigt. Bei Vorliegen einer Regelverletzung wird eine Fehlermeldung ausgegeben.

- *Regel 6:* Die Regel „Comment Function Block“ ist vom Regeltyp „Metadata“ und überprüft einen Funktionsblock auf das Vorhandensein eines Kommentars in den Eigenschaften. Bei Vorliegen einer Regelverletzung wird eine Fehlermeldung aufgrund eines fehlenden Kommentars ausgegeben.

- *Regel 7:* Die Regel „Version Function Block“ ist vom Regeltyp „Metadata“ und überprüft einen Funktionsblock auf das Vorhandensein einer Version in den Eigenschaften. Bei Vorliegen einer Regelverletzung wird eine Fehlermeldung aufgrund einer fehlenden Version ausgegeben.

- *Regel 8:* Die Regel „Title Function Block“ ist vom Regeltyp „Metadata“ und überprüft einen Funktionsblock auf das Vorhandensein eines Titels in den Eigenschaften. Bei Vorliegen einer Regelverletzung wird eine Fehlermeldung aufgrund eines fehlenden Titels ausgegeben.

- *Regel 9:* Die Regel „Prefix Array Output: QA or qa“ ist vom Regeltyp „Prefix suffix“ mit der zusätzlichen Eigenschaft „Variablentyp“ und überprüft ein Array von Output-Variablen eines Codebausteins auf den Identifizierer „QA“ bzw. „qa“, welcher für ein Array von Output-Variablen steht. Diese Regel reagiert aber auch auf alle anderen Varianten z.B. „Qa“ oder „qA“, welche aber falsch sind. Im Kommentar wird auf diesen Umstand verwiesen und es werden auch die richtigen Identifizierer genannt. Die Groß- bzw. Kleinschreibung des Identifizierers wird bei der Überprüfung vernachlässigt. Bei Vorliegen einer Regelverletzung wird eine Fehlermeldung ausgegeben.

- *Regel 10:* Die Regel „Prefix Array InOut: IQA or iqa“ ist vom Regeltyp „Prefix suffix“ mit der zusätzlichen Eigenschaft „Variablentyp“ und überprüft ein Array von InOut-Variablen eines Codebausteins auf den Identifizierer „IQA“ bzw. „iqa“, welcher für ein Array von Output-Variablen steht. Diese Regel reagiert aber auch auf alle anderen Varianten z.B. „Iqa“ oder „iqA“, welche aber falsch sind. Im Kommentar wird auf diesen Umstand verwiesen und es werden auch die richtigen Identifizierer genannt. Die Groß- bzw. Kleinschreibung des Identifizierers wird bei der Überprüfung vernachlässigt. Bei Vorliegen einer Regelverletzung wird eine Fehlermeldung ausgegeben.

- *Regel 11:* Die Regel „Author Function Block“ ist vom Regeltyp „Metadata“ und überprüft einen Funktionsblock auf das Vorhandensein eines Autorennamens in den Eigenschaften. Bei Vorliegen einer

Regelverletzung wird eine Fehlermeldung aufgrund eines fehlenden Autorennamens ausgegeben.

- *Regel 12:* Die Regel „Prefix Temp variable: T_“ ist vom Regeltyp „Prefix suffix“ und überprüft eine Temp-Variable eines Codebausteins auf den Identifizierer „T_“, welcher für eine Temp-Variable steht. Die Groß- bzw. Kleinschreibung des Identifizierers wird bei der Überprüfung berücksichtigt. Bei Vorliegen einer Regelverletzung wird eine Fehlermeldung ausgegeben.
- *Regel 13:* Die Regel „UPPERCASE Local Constants“ ist vom Regeltyp „Caslng“ und überprüft eine Konstante eines Codebausteins darauf, dass alle Buchstaben Großbuchstaben sind. Bei Vorliegen einer Regelverletzung wird eine Fehlermeldung ausgegeben.
- *Regel 14:* Die Regel „PascalCase static variables“ ist vom Regeltyp „Casing“ und überprüft eine statische Variable eines Codebausteins auf die PascalCase-Schreibweise. Bei Vorliegen einer Regelverletzung wird eine Warnmeldung ausgegeben.

2) <u>Comment Codeblock IO:</u>

Dieser Regelsatz überprüft die In-, Out- und InOut-Variablen des Interfaces eines Codeblocks auf das Vorhandensein eines Kommentars. Der Regelsatz „Comment_Codeblock_IO“ besteht aus folgender Regel:

- *Regel 1:* Die Regel „Comment Codeblock IO: Comment available“ ist vom Regeltyp „Metadata“ und überprüft die Verfügbarkeit eines Kommentars für In-, Out- und InOut-Variablen eines Codebausteins. Es wird eine Fehlermeldung aufgrund eines fehlenden Kommentars bei einer In-, Out- und InOut-Variable eines Codebausteins ausgegeben.

3) Comment Codeblock Variables:

Dieser Regelsatz überprüft die statischen und temporären Variablen und die Konstanten des Interfaces eines Codeblocks auf das Vorhandensein eines Kommentars. Der Regelsatz „Comment_Codeblock_Variables“ besteht aus folgenden Regeln:

- *Regel 1:* Die Regel „Comment Codeblock static: Comment available“ ist vom Regeltyp „Metadata“ und überprüft die Verfügbarkeit eines Kommentars für statische Variablen eines Codebausteins. Es wird eine Fehlermeldung aufgrund eines fehlenden Kommentars bei einer statischen Variable eines Codebausteins ausgegeben.
- *Regel 2:* Die Regel „Comment Codeblock temp: Comment available“ ist vom Regeltyp „Metadata“ und überprüft die Verfügbarkeit eines Kommentars für temporäre Variablen eines Codebausteins. Es wird eine Fehlermeldung aufgrund eines fehlenden Kommentars bei einer temporären Variable eines Codebausteins ausgegeben.
- *Regel 3:* Die Regel „Comment Codeblock const: Comment available“ ist vom Regeltyp „Metadata“ und überprüft die Verfügbarkeit eines Kommentars für Konstanten eines Codebausteins. Es wird eine Fehlermeldung aufgrund eines fehlenden Kommentars bei einer Konstanten eines Codebausteins ausgegeben.

4) Comment PLCTagTable:

Dieser Regelsatz überprüft die Variablen und Konstanten einer PLC-Variablentabelle auf das Vorhandensein eines Kommentars. Der Regelsatz „Comment_PLCTagTable“ besteht aus folgenden Regeln:

- *Regel 1:* Die Regel „Comment PLCTag Tags: Comment available" ist vom Regeltyp „Metadata" und überprüft die Verfügbarkeit eines Kommentars für Variablen einer PLC-Variablentabelle. Es wird eine Fehlermeldung aufgrund eines fehlenden Kommentars bei einer Variable einer PLC-Variablentabelle ausgegeben.

- *Regel 2:* Die Regel „Comment PLCTag Constants: Comment available" ist vom Regeltyp „Metadata" und überprüft die Verfügbarkeit eines Kommentars für Konstanten einer PLC-Variablentabelle. Es wird eine Fehlermeldung aufgrund eines fehlenden Kommentars bei einer Konstanten einer PLC-Variablentabelle ausgegeben.

5) <u>Comment_PLCDatatype:</u>

Dieser Regelsatz überprüft die Einträge eines PLC-Datentyps auf das Vorhandensein eines Kommentars. Der Regelsatz „Comment_PLCDatatype" besteht aus folgender Regel:

- *Regel 1:* Die Regel „Comment PLC Datatype entries" ist vom Regeltyp „Metadata" und überprüft die Einträge eines PLC-Datentyps auf das Vorhandensein eines Kommentars. Es wird eine Fehlermeldung aufgrund eines fehlenden Kommentars bei einem Eintrag eines PLC-Datentyps ausgegeben.

3.3 Funktionen der SimaticML-Dokumentenanalyse

Die SimaticML-Dokumentenanalyse wird für SimaticML-Dokumente von Funktionsbausteinen, PLC-Variablentabellen und PLC-Datentypen verwendet. Die Funktion 5 wird für PLC-Variablentabellen verwendet, die Funktion 6 wird für PLC-Datentypen verwendet und die Funktionen 1-4 und 7-19 werden für

Funktionsbausteine verwendet. Im Folgenden werden die Funktionen der SimaticML-Dokumentenanalyse vorgestellt:

1) *Funktion 1-CheckProgrammingLanguagePlcBlock:*

Die Funktion „CheckProgrammingLanguagePlcBlock“ überprüft, ob ein Funktionsbaustein in der Programmiersprache „STL“ verfasst ist. Die Überprüfung ist erfolgreich, wenn der Funktionsbaustein nicht in der Programmiersprache „STL“ verfasst ist. Die Überprüfung ist nicht erfolgreich, wenn der Funktionsbaustein in der Programmiersprache „STL“ verfasst ist.

2) *Funktion 2-CheckProgrammingLanguageAllNetworksPlcBlock:*

Die Funktion „CheckProgrammingLanguageAllNetworksPlcBlock“ überprüft, ob ein Netzwerk eines Funktionsbausteins in der Programmiersprache „STL“ verfasst ist. Es werden alle Netzwerke des Funktionsbausteins überprüft. Eine Überprüfung ist erfolgreich, wenn das Netzwerk nicht in der Programmiersprache „STL“ verfasst ist. Eine Überprüfung ist nicht erfolgreich, wenn das Netzwerk in der Programmiersprache „STL“ verfasst ist.

3) *Funktion 3-CheckTitleAndCommentOfFbNetwork:*

Die Funktion „CheckTitleAndCommentOfFbNetwork“ überprüft, ob der Titel bzw. der Kommentar eines Netzwerks eines Funktionsbausteins im britischen Englisch verfasst wurden. Die Überprüfung ist erfolgreich, wenn der Titel bzw. der Kommentar des Netzwerks im britischen Englisch verfasst wurde und der Titel bzw. Kommentar Zeichen enthält. Die Überprüfung ist nicht erfolgreich, wenn der Titel bzw. Kommentar des Netzwerks nicht im britischen Englisch verfasst wurde und der Titel bzw. Kommentar damit keine Zeichen enthält.

4) *Funktion 4-CheckVersionHistoryOfFunctionBlock:*

Die Funktion „CheckVersionHistoryOfFunctionBlock“ überprüft, ob eine Versionsgeschichte für einen Funktionsbaustein vorhanden ist. Die Versionsgeschichte muss im Blockkommentar des Funktionsbausteins vorhanden sein. Ein Eintrag der Versionsgeschichte hat folgendes Format:

Version mit Nummer – Datum

Im Folgenden wird ein Beispiel für einen Eintrag der Versionsgeschichte vorgestellt:

V05.00 - 18.12.2015

Die Überprüfung ist erfolgreich, wenn im Blockkommentar des Funktionsbausteins ein Eintrag im beschriebenen Format vorhanden ist und der Eintrag im britischen Englisch verfasst wurde. Die Überprüfung ist nicht erfolgreich, wenn kein Eintrag für eine Versionsgeschichte im Blockkommentar im beschriebenen Format und in der Sprache britisches Englisch vorhanden ist.

5) <u>Funktion 5-CheckCommentPLCTagTable:</u>

Die Funktion „CheckCommentPLCTagTable“ überprüft, ob eine Variable bzw. eine Benutzerkonstante einer PLC-Variablentabelle einen Kommentar hat, welcher in der Sprache britisches Englisch verfasst wurde. Die Überprüfung ist erfolgreich, wenn ein Kommentar für eine Variable bzw. eine Benutzerkonstante einer PLC-Variablentabelle in der Sprache britisches Englisch vorhanden ist. Die Überprüfung ist nicht erfolgreich, wenn ein Kommentar für eine Variable bzw. eine Benutzerkonstante einer PLC-Variablentabelle in der Sprache britisches Englisch nicht vorhanden ist.

6) <u>Funktion 6-CheckCommentPLCDataType:</u>

Die Funktion „CheckCommentPLCDataType“ überprüft, ob ein Eintrag eines PLC-Datentyps einen Kommentar in der Sprache britisches Englisch hat. Die Überprüfung ist erfolgreich, wenn der Kommentar für einen Eintrag eines PLC-Datentyps im britischen Englisch vorhanden ist. Die Überprüfung ist nicht erfolgreich, wenn der Kommentar für einen Eintrag eines PLC-Datentyps im britischen Englisch nicht vorhanden ist.

7) <u>Funktion 7-CheckIfWithThreeElsIF:</u>

Die Funktion „CheckIfWithThreeElsIF“ überprüft, ob in einem SCL-Netzwerk eine „IF“-Anweisung mit mindestens drei „ELSIF“-Zweigen durch eine „CASE“-Struktur ersetzt werden kann. Die Überprüfung ist erfolgreich, wenn die „IF“-Anweisung maximal zwei „ELSIF“-Pfade enthält. Die Überprüfung ist nicht erfolgreich, wenn die „IF“-Anweisung mindestens drei „ELSIF“-Pfade enthält.

8) Funktion 8-CheckCaseElsePath:

Die Funktion „CheckCaseElsePath“ überprüft, ob eine „CASE“-Struktur einen „ELSE“-Pfad enthält. Die Überprüfung ist erfolgreich, wenn die „CASE“-Struktur einen „ELSE“-Pfad enthält. Die Überprüfung ist nicht erfolgreich, wenn die „CASE“-Struktur keinen „ELSE“-Pfad enthält.

9) Funktion 9-CheckFbOutputsMultipleTimesWritten:

Die Funktion „CheckFbOutputsMultipleTimesWritten“ überprüft, ob eine Output-Variable eines Funktionsbausteins einmal oder mehrmals im Programmcode des Funktionsbausteins beschrieben wird. Dabei werden bei dieser Überprüfung nur SCL-, FBD- und LAD-Netzwerke untersucht, da es keine STL-Netzwerke geben darf. Die Überprüfung ist erfolgreich, wenn die Output-Variable eines Funktionsbausteins nur einmal im Programmcode des Funktionsbausteins beschrieben wird. Die Überprüfung ist nicht erfolgreich, wenn die Output-Variable eines Funktionsbausteins mindestens zwei Mal im Programmcode des Funktionsbausteins beschrieben wird.

10) Funktion 10-CheckFbOutputsRead:

Die Funktion „CheckFbOutputsRead“ überprüft, ob eine Output-Variable eines Funktionsbausteins im Programmcode des Funktionsbausteins gelesen wird. Dabei werden bei dieser Überprüfung nur SCL-, FBD- und LAD-Netzwerke untersucht, da es keine STL-Netzwerke geben darf. Output-Variablen, welche nicht im Programmcode des Funktionsbausteins gelesen werden, werden nicht überprüft. Die Überprüfung ist erfolgreich, wenn keine Output-Variable im Programmcode des Funktionsbausteins gelesen wird. Die Überprüfung ist nicht erfolgreich, wenn mindestens eine Output-Variable im Programmcode des Funktionsbausteins gelesen wird.

11) *Funktion 11-CheckFbVersionHistoryEntry:*

Die Funktion „CheckFbVersionHistoryEntry" überprüft, ob der letzte Eintrag der Versionsgeschichte, welche sich im Blockkommentar befindet, mit dem Wert der Eigenschaft „Version" eines Funktionsbausteins übereinstimmt. Dabei muss der letzte Eintrag der Versionsgeschichte und der Wert der Eigenschaft „Version" im selben Format, welches bei Funktion 4 beschrieben wird, verfasst sein. Die Überprüfung ist erfolgreich, wenn der letzte Eintrag der Versionsgeschichte mit dem Wert der Eigenschaft „Version" eines Funktionsbausteins übereinstimmt und beide Werte im selben Format nach der Funktion 4 verfasst sind. Die Überprüfung ist nicht erfolgreich, wenn der letzte Eintrag der Versionsgeschichte mit dem Wert der Eigenschaft „Version" eines Funktionsbausteins nicht übereinstimmt oder beide nicht dem Format nach der Funktion 4 entsprechen.

12) *Funktion 12-CheckFBInterfaceVariableUsed:*

Die Funktion „CheckFBInterfaceVariableUsed" überprüft, ob die Interface-Variable eines Funktionsbausteins im Programmcode des Funktionsbausteins verwendet wird. Dabei werden bei dieser Überprüfung nur SCL-, FBD- und LAD-Netzwerke untersucht, da es keine STL-Netzwerke geben darf. Wenn eine Interface-Variable ein PLC-Datentyp oder ein Struct ist, dann wird nur der erste Name überprüft. Für das Beispiel „Test_1.X_2" bedeutet dies, dass nur „Test_1" überprüft wird. Die Überprüfung ist erfolgreich, wenn die Interface-Variable eines Funktionsbausteins mindestens einmal im Programmcode des Funktionsbausteins verwendet wird. Die Überprüfung ist nicht erfolgreich, wenn die Interface-Variable eines Funktionsbausteins kein einziges Mal im Programmcode des Funktionsbausteins verwendet wird.

13) Funktion 13-CheckFBInterfaceStruct:

Die Funktion „CheckFBInterfaceStruct“ überprüft, ob eine Input-, Output- und InOut-Variable eines Funktionsbausteins den Datentyp „Struct“ hat. Es wird dabei nicht überprüft, ob ein PLC-Datentyp oder ein Struct Elemente mit dem Datentyp „Struct“ enthält. Die Überprüfung ist erfolgreich, wenn die Input-, Output- oder InOut-Variable eines Funktionsbausteins nicht den Datentyp „Struct“ hat. Die Überprüfung ist nicht erfolgreich, wenn die Input-, Output- oder InOut-Variable eines Funktionsbausteins den Datentyp „Struct“ hat.

14) Funktion 14-CheckFbInterfaceVariableSetInIDB:

Die Funktion „CheckFbInterfaceVariableSetInIDB“ überprüft, ob die Eigenschaft „Remanence“ einer Interface-Variable eines Funktionsbausteins den Wert „Set in IDB“ hat. Die Überprüfung ist erfolgreich, wenn die Eigenschaft „Remanence“ einer Interface-Variable eines Funktionsbausteins nicht den Wert „Set in IDB“ hat. Die Überprüfung ist nicht erfolgreich, wenn die Eigenschaft „Remanence“ einer Interface-Variable eines Funktionsbausteins den Wert „Set in IDB“ hat.

15) Funktion 15-CheckSCLForIterationVariableDInt:

Die Funktion „CheckSCLForIterationVariableDInt“ überprüft, ob eine Iterationsvariable einer „FOR“-Schleife in einem SCL-Netzwerk den Datentyp „DInt“ hat. Die Überprüfung ist erfolgreich, wenn die Iterationsvariable einer „FOR“-Schleife den Datentyp „DInt“ hat. Die Überprüfung ist nicht erfolgreich, wenn die Iterationsvariable einer „FOR“-Schleife nicht den Datentyp „DInt“ hat.

16) Funktion 16-CheckEdgeIfElseStructure:

Die Funktion „CheckEdgeIfElseStructure“ überprüft, ob eine „IF/ELSE“-Struktur in einem SCL-Netzwerk eines Funktionsbausteins zur Detektion einer steigenden bzw. fallenden Flanke verwendet wird. Der SCL-Code zur

Detektion einer steigenden bzw. fallenden Flanke kann aus Abbildung 2 entnommen werden. Die Überprüfung ist erfolgreich, wenn keine „IF/ELSE"-Struktur" zur Detektion einer steigenden bzw. fallenden Flanke in einem Funktionsbaustein verwendet wird. Die Überprüfung ist nicht erfolgreich, wenn mindestens eine „IF/ELSE"-Struktur" zur Detektion einer steigenden bzw. fallenden Flanke in einem Funktionsbaustein verwendet wird.

17) <u>Funktion 17-CheckFbForCommands:</u>

Die Funktion „CheckFbForCommands" überprüft, ob die Befehle "GetSymbolName", "GetSymbolPath", "GetInstanceName" und "GetInstancePath" im Programmcode eines Funktionsbausteins verwendet werden. Dabei werden bei dieser Überprüfung nur SCL-, FBD- und LAD-Netzwerke untersucht, da es keine STL-Netzwerke geben darf. Die Überprüfung ist erfolgreich, wenn keiner der genannten Befehle im Programmcode eines Funktionsbausteins vorhanden ist. Die Überprüfung ist nicht erfolgreich, wenn mindestens einer der genannten Befehle im Programmcode des Funktionsbausteins vorhanden ist.

18) <u>Funktion 18-CheckFbForSystemFunctions:</u>

Die Funktion „CheckFbForSystemFunctions" überprüft, ob die Systembefehle "WRITE_DBL", "READ_DBL", "FileRead" und "FileWrite" im Programmcode eines Funktionsbausteins verwendet werden. Dabei werden bei dieser Überprüfung nur SCL-, FBD- und LAD-Netzwerke untersucht, da es keine STL-Netzwerke geben darf. Die Überprüfung ist erfolgreich, wenn keiner der genannten Systembefehle im Programmcode eines Funktionsbausteins vorhanden ist. Die Überprüfung ist nicht erfolgreich, wenn mindestens einer der genannten Befehle im Programmcode des Funktionsbausteins vorhanden ist.

19) *Funktion 19-ExtractKeyFigures:*

Die Funktion „ExtractKeyFigures“ ermittelt Kennzahlen für einen Funktionsbaustein. Diese Kennzahlen umfassen die Anzahl an Codezeilen für alle vorhandenen SCL-Netzwerke, die Anzahl an Codezeilen für alle vorhandenen FBD-Netzwerke, die Anzahl an Codezeilen für alle vorhandenen LAD-Netzwerke, wobei bei FBD- und LAD-Netzwerken ein Aufruf eines Blocks gleich einer Codezeile entspricht, die Anzahl an Codezeilen für alle vorhandenen STL-Netzwerke, die Gesamtanzahl an Codezeilen für alle vorhandenen Netzwerke, die Anzahl an SCL-Netzwerken, die Anzahl an FBD-Netzwerken, die Anzahl an LAD-Netzwerken, die Anzahl an STL-Netzwerken und die Gesamtanzahl an Netzwerken.

3.4 Testfall des Testmanagement-Frameworks

Im Folgenden wird der verwendete Testfall für das Testmanagement-Framework vorgestellt:

1) *Error Test:*

Der Applikationstest „Error_Test“ überprüft, ob beim Setzen des Fehlerbits das Fehlersignal eines Funktionsbausteins vorhanden ist und nach dem Verschwinden und der Bestätigung des Fehlers das Fehlersignal inaktiv wird. Der Applikationstest „Error_Test“ besteht aus folgenden Testschritten:

- *Schritt 1:* Der Schritt „Step 1: Is any signal set” dient zur Überprüfung, ob einer der Signale „Error“, „Error_Signal“ und Acknowledge“ schon auf den Wert „True“ gesetzt ist. Das Programm wird für einen Zyklus lang mit der „RUN“-Methode ausgeführt. Es wird mit der „Assert.Equal“-Methode überprüft, ob die Signale „Error“, „Error_Signal“ und Acknowledge“ den Wert „False“ haben.

- *Schritt 2:* Der Schritt „Step 2: Set Errorbit“ dient zur Überprüfung, ob das Fehlersignal nach dem Setzen eines Fehlerbits vorhanden ist. Die Variable „Error“ wird auf den Wert „True“ gesetzt. Das Programm wird für einen Zyklus lang mit der „RUN“-Methode ausgeführt. Nach Ausführung des Programms wird mit einer „Assert.Equal“-Methode überprüft, ob die Variable für das Fehlersignal „Error_Signal“ den Wert „True“ hat.

- *Schritt 3:* Der Schritt „Step 3: Set Acknowledge“ dient zur Überprüfung, ob das Fehlersignal nach dem Verschwinden und der Bestätigung des Fehlers das Fehlersignal inaktiv wird. Die Variable „Error“ wird auf den Wert „False“ gesetzt und die Variable „Acknowledge“ wird auf den Wert „True“ gesetzt. Das Programm wird einen Zyklus lang mit der „RUN“-Methode ausgeführt. Nach der Programmausführung wird mit der „Assert.Equal“-Methode überprüft, ob die Variable für das Fehlersignal „Error_Signal“ den Wert „False“ hat.

- *Schritt 4:* Der Schritt „Step 4: Reset signals“ dient zum Rücksetzen der Signale „Error“, „Error_Signal“ und Acknowledge“. Den Signalen „Error“, „Error_Signal“ und Acknowledge“ wird jeweils der Wert „False“ zugewiesen. Das Programm wird einen Zyklus lang mit der „RUN“-Methode ausgeführt. Nach der Programmausführung wird mit der „Assert.Equal“-Methode überprüft, ob die Signale „Error“, „Error_Signal“ und Acknowledge“ den Wert „False“ haben.

3.5 Konfigurationsdatei

Die Konfigurationsdatei hat das Dateiformat „xlsx“ und enthält die Arbeitsblätter „Configuration“, „Rule sets“, „Application tests“, „Applicationtests_Exceptions“, “Static_XMLAnalysis” und “Version History”.

3.5.1 Arbeitsblatt „Configuration“

Das Arbeitsblatt “Configuration“ enthält die Tests, welchen Testobjekten zugeordnet werden. Diese Tests werden in einem Tabellenformat definiert, wobei eine Zeile einem Test entspricht und die Spalten Informationen zu diesen Tests enthalten. Die Spalte „Library version“ enthält den Namen des TIA Portal Projekts, die Spalte namens „Device“ enthält den Namen des PLC-Gerätes, welches in dem TIA Portal Projekt enthalten ist, die Spalte mit dem Namen „Block“ kann den Namen des Funktionsbausteins, den Eintrag „All PLCTagTables“ zur Auswahl aller im Projekt befindlichen PLC-Variablentabellen oder den Eintrag „All PLCDataTypes“ zur Auswahl aller im Projekt befindlichen PLC-Datentypen enthalten, die Spalte „Rule set“ enthält den Namen des Regelsatzes und die Spalte namens „Application test“ enthält den Namen für den Testfall. Diese Tabelle im Arbeitsblatt „Configuration“ wird zur Auswahl der jeweiligen Tests benötigt. Tabelle 1 zeigt eine Zusammenstellung unterschiedlicher Tests, welche im Arbeitsblatt „Configuration“ definiert sind.

Library version	Device	Block	Rule set	Application test
CoCTC+ULC	Fxxx - CoCTC+ULC_V014	FB_1400_ConvMulti	Comment_Codeblock_IO	
CoCTC+ULC	Fxxx - CoCTC+ULC_V014	FB_1400_ConvMulti	Comment_Codeblock_Variables	
CoCTC+ULC	Fxxx - CoCTC+ULC_V014	FB_1400_ConvMulti	TGW_Module_Guidelines	
CoCTC+ULC	Fxxx - CoCTC+ULC_V014	FB_1400_ConvMulti		Error_Test
CoCTC+ULC	Fxxx - CoCTC+ULC_V014	All PLCTagTables	Comment_PLCTagTable	
CoCTC+ULC	Fxxx - CoCTC+ULC_V014	All PLCDataTypes	Comment_PLCDatatype	
CoASRS_v007	mrxx-s1-k1501	FB_4644_CO_MFS_TEL	Comment_Codeblock_IO	
CoASRS_v007	mexx-s1-k1501	FB_4702_Travel	Comment_Codeblock_Variables	

Tabelle 1: Arbeitsblatt "Configuration" zur Definition der Tests

3.5.2 Arbeitsblatt „Rule sets“

Das Arbeitsblatt „Rule sets“ enthält Informationen zu den Regelsätzen, welche für das Testmanagement-Framework verwendet werden. Diese Informationen werden in einem Tabellenformat festgehalten. Die Spalte „Rule set“ enthält den Namen des Regelsatzes, die Spalte „Rule“ enthält die Nummer und den Namen der Regel und die Spalte „Description“ enthält eine detaillierte Beschreibung der Regel. Tabelle 2 zeigt die verwendeten Regelsätze für das Testmanagement-Framework.

Rule set	Rule	Description
Comment_ Codeblock _IO	Rule 1: Comment Codeblock IO: Comment available	A comment has to be avaiable for In,Out-and InOut variables of the interface of a codeblock.
Comment_ Codeblock _Variables	Rule 1: Comment Codeblock static: Comment available	A comment has to be available for static variables of the code block interface
	Rule 2: Comment Codeblock temp: Comment available	A comment has to be available for temp variables of the code block interface.
	Rule 3: Comment Codeblock const: Comment available	A comment has to be available for constants of the code block interface.
TGW_Mod ule_Guidel ines	Rule 1: Prefix Datatype Bool Input: IX_ or ix_	A Bool Input variable from a code block contains the identifier "IX_" or "ix_" . The rule will react to all other variants (e.g.: "Ix_" or "iX_") as well. They have to be changed to the right prefix.
	Rule 2: Prefix Datatype Bool Output: QX_ or qx_	A Bool Output variable from a code block contains the identifier "QX_" or "qx_" . The rule will react to all other variants (e.g.: "Qx_" or "qX_") as well. They have to be changed to the right prefix.
	Rule 3: Prefix Datatype Bool	A Bool InOut variable from a code block contains the identifier "IQX_" or "iqx_" . The rule will react to all

	InOut: IQX_ or iqx_	other variants (e.g.: "Iqx_" or "iqX_") as well. They have to be changed to the right prefix.
	Rule 4: Prefix Array Input: IA or ia	An Array of input variables from a code block contains the identifier "IA" or "ia" . The rule will react to all other variants (e.g.: "Ia_" or "iA_") as well. They have to be changed to the right prefix.
	Rule 5: Prefix Function Block: FB_	A function block has the prefix "FB_".
	Rule 6: Comment Function Block	A function block must have a comment.
	Rule 7: Version Function Block	A function block must have a version number.
	Rule 8: Title Function Block	A function block must have a title.
	Rule 9: Prefix Array Output: QA or qa	An Array of Output variables from a code block contains the identifier "QA" or "qa" . The rule will react to all other variants (e.g.: "Qa_" or "qA_") as well. They have to be changed to the right prefix.
	Rule 10: Prefix Array InOut: IQA or iqa	An Array of InOut variables from a code block contains the identifier "IQA" or "iqa" . The rule will react to all other variants (e.g.: "Iqa_" or "iqA_") as well. They have to be changed to the right prefix.
	Rule 11: Author Function Block	A function block must contain the name of the author.
	Rule 12: Prefix Temp variable: T_	A Temp variable from a code block contains the identifier "T_".
	Rule 13: UPPERCASE Local Constants	Local constants of a code block have to be written in UPPERCASE letters.
	Rule 14: PascalCase static variables	Static variables of a code block have to be written in PascalCase.
Comment_PLCTagTable	Rule 1: Comment PLCTag Tags: Comment available	A comment has to be available for tags of a PLCTagTable.
	Rule 2: Comment PLCTag Constants: Comment available	A comment has to be available for constants of a PLCTagTable.

Comment_PLCDatatype	Rule 1: Comment PLC Datatype entries	The entries of a PLC data type need a comment.

Tabelle 2: Arbeitsblatt "Rule sets" zur Erklärung der Regeln der Regelsätze

3.5.3 ARBEITSBLATT „APPLICATION TESTS“

Das Arbeitsblatt „Application tests“ enthält aktuell Informationen zu einem Testfall, welcher für das Testmanagement-Framework verwendet wird. Die Spalte „Name“ enthält den Namen des Testfalls, die Spalte mit dem Namen „Step“ enthält die Nummer und den Namen des Testschritts und die Spalte namens „Description“ enthält eine detaillierte Beschreibung des Testschritts. Tabelle 3 zeigt den verwendeten Testfall für das Testmanagement-Framework.

Name	Step	Description
Error_Test	Step 1: Is any signal set	It is checked if any signal is true. The signals have to be false.
	Step 2: Set Errorbit	The variable for the error bit is set to true.
	Step 3: Set Acknowledge	The variable for the error bit is set to false and the variable for the acknowledge bit is set to true.
	Step 4: Reset signals	All signals are set to false.

Tabelle 3: Arbeitsblatt "Application tests" zur Erklärung der Testschritte des Testfalls

3.5.4 ARBEITSBLATT "APPLICATIONTESTS_EXCEPTIONS"

Das Arbeitsblatt „Applicationtests_Exceptions“ enthält aktuell Informationen zu einer Ausnahme für einen Testfall. Die Spalte „Application test“ enthält den Namen des Testfalls, die Spalte mit dem Namen „Project library“ enthält den Namen des TIA Portal Projekts, die Spalte „Module type“ enthält den Namen des betroffenen Funktionsbausteins, die Spalte namens „Exeption“ enthält den Fehlerbit, die Spalte „User“ enthält den Namen des Benutzers bzw. der Benutzerin für die Angabe des Urhebers bzw. der Urheberin der Ausnahme und die Spalte „Date“ enthält das Datum zur Angabe, wann diese Ausnahme in die Tabelle eingefügt wurde. Diese Tabelle im Arbeitsblatt „Applicationtests_Exceptions“ wird zum Ausschluss des Testfalls benötigt.

Tabelle 4 zeigt eine Ausnahme für den Funktionsbaustein „FB_1400_ConvMulti“ beim Testfall „Error_Test“ für das Fehlerbit „E01.B12_DrvErr“.

Application test	Project library	Module type	Exeption	User	Date
Error_Test	CoCTC+ULC	FB_1400_ConvMulti	E01.B12_DrvErr	pedl	03.12.2024

Tabelle 4: Arbeitsblatt "Applicationtests_Exceptions" zur Definition einer Ausnahme

3.5.5 Arbeitsblatt „Static_XMLAnalysis“

Das Arbeitsblatt „Static_XMLAnalysis“ enthält Informationen zu den Funktionen, welche für die SimaticML-Dokumentenanalyse verwendet werden. Die Spalte „Function number“ enthält die Nummer der Funktion, die Spalte „Function name“ enthält den Namen der Funktion und die Spalte „Description“ enthält eine kurze Beschreibung der Funktion. Tabelle 5 zeigt die Funktionen der SimaticML-Dokumentenanalyse.

Function number	Function name	Description
1	CheckProgrammingLanguagePlcBlock	Check if programming language of a PLC block has the value "STL"
2	CheckProgrammingLanguageAllNetworksPlcBlock	Check if the programming language of network of a function block has the value "STL"
3	CheckTitleAndCommentOfFbNetwork	Check if all networks of a FB have a comment and a title in en-GB
4	CheckVersionHistoryOfFunctionBlock	Check if a function block has a version history (format version history: Version - Date e.g: V05.00 - 18.12.2015)
5	CheckCommentPLCTagTable	Check if a entry of a PLCTagTable has a comment in the language en-GB
6	CheckCommentPLCDataType	Check if a entry of a PLCDataType has a comment in the language en-GB
7	CheckIfWithThreeElsIF	Check if a If with three ELSIF can be replaced with a Case structure

8	CheckCaseElsePath	Check if a Case structure has an ELSE path
9	CheckFbOutputsMultipleTimesWritten	Check if an output variable of a Fb is written more than once (only SCL,FBD and LAD networks are investigated)
10	CheckFbOutputsRead	Check if an output variable of a Fb is read in the Fb (only SCL,FBD and LAD networks are investigated)
11	CheckFbVersionHistoryEntry	Check if the last entry of the version history in the block comment is equal to the value of property "Version" (format version history: Version - Date e.g: V05.00 - 18.12.2015)
12	CheckFBInterfaceVariableUsed	Check if the interface variable of a function block is used in the code (only SCL,FBD and LAD networks are investigated)
13	CheckFBInterfaceStruct	Check if a input, output and InOut variable of a function block has the data type "Struct"
14	CheckFbInterfaceVariableSetInIDB	Check if the value of the property "Remanence" of a interface variable of a function block has not the value "Set in IDB"
15	CheckSCLForIterationVariableDInt	Check if the iteration variable of a For loop of a SCL programm/network has the datatype "DInt"
16	CheckEdgeIfElseStructure	Check if "If/Else" structure is used to detect a rising or falling edge
17	CheckFbForCommands	Check if one of the commands "GetSymbolName", "GetSymbolPath", "GetInstanceName" and "GetInstancePath" is used (only SCL, FBD and LAD networks are examined)
18	CheckFbForSystemFunctions	Check if one of the system functions "WRITE_DBL", "READ_DBL", "FileReadC" and "FileWriteC" is used (only SCL, FBD and LAD networks are examined)
19	ExtractKeyFigures	Extract key figures from function block

Tabelle 5: Arbeitsblatt "Static_XMLAnalysis" zur Erklärung der Funktionen der SimaticML-Dokumentenanalyse

3.5.6 Arbeitsblatt „Version History"

Das Arbeitsblatt „Version History" enthält allgemeine Informationen der Konfigurationsdatei. Die Spalte „Activity and change" hält die Aktivitäten und die Änderungen fest und die Spalte „Date and Time" enthält eine Datums- und eine Zeitangabe für die jeweilige Aktivität bzw. Änderung. Tabelle 6 zeigt diese Aktivitäten und Änderungen.

Activity and change	Date and Time
This document was created.	08.10.2024 11:40
The work sheet "Applicationtests_Exceptions" was created.	03.12.2024 09:00
Software modules were added to the worksheet "Configuration".	18.04.2024 12:00
Software modules were added to the worksheet "Configuration".	23.04.2025 15:30
Changes were made in the worksheets "Configuration", "Rule sets", "Application tests", "Applicationtests_Exceptions", "Static_XMLAnalysis", and "Version History".	24.04.2025 15:40

Tabelle 6: Arbeitsblatt "Version History" zur Erläuterung der durchgeführten Aktivitäten und Änderungen an der Konfigurationsdatei

3.6 Klassendiagramm für das Testmanagement-Framework

Das Klassendiagramm stellt einen Teil der Klassen des Testmanagement-Frameworks und deren Beziehungen zueinander dar. Die Klasse „MainWindow“ repräsentiert die grafische Benutzeroberfläche des Testmanagement-Frameworks und enthält u.a. Eventhandler für die jeweiligen Steuerelemente wie z.B. einen Button für das Auswählen eines TIA Portal Projekts aus dem Datei-Explorer. Wenn das zugehörige Event eines Steuerelements getriggert wird und der Eventhandler der Klasse „MainWindow“ daraufhin reagiert, dann wird im Anschluss eine Methode der Klasse „Presenter“ aufgerufen. Die Klasse „Presenter“ enthält u.a. die Logik für das jeweilige Steuerelement wie das Auschecken eines TIA Portal Projekts aus octoplant. Die Klasse „Presenter“ nutzt für die Ausführung der gewählten Tests beim manuellen Ablauf Methoden der Klassen „StaticCodeAnalysis“, „StyleGuide und „ApplicationTest“. Die Klasse „StaticCodeAnalysis“ enthält die Funktionen der SimaticML-Dokumentenanalyse, welche in Abschnitt 3.3 detailliert beschrieben werden, die Klasse „StyleGuide“ enthält Funktionen zur Ausführung der Regelsätze und zur Erstellung der Testergebnisse und die Klasse „ApplicationTest“ enthält Funktionen zur Ausführung der Testfälle und zur Erstellung der Testergebnisse. Die Klassen „StaticCodeAnalysis“, „StyleGuide und „ApplicationTest“ geben beim manuellen Ablauf dementsprechend Testergebnisse an die Klasse „Presenter“ zurück. Beim automatisierten Ablauf ruft die Klasse „Presenter“ eine Methode der Klasse „AutomaticProcess“ auf, um den Prozess für die Ausführung der Tests und die Erstellung der Testergebnisse zu starten. Die Klassen „StaticCodeAnalysis“, „StyleGuide und „ApplicationTest“ geben die Ergebnisse zurück an die Klasse „AutomaticProcess“. Die Rückgabe der Testergebnisse an die Klasse „Presenter“ beim manuellen Ablauf bzw. an die Klasse „AutomaticProcess“ beim automatisierten Ablauf wird im Klassendiagramm wegen der Übersicht weggelassen. Des Weiteren werden die Klassen „StaticCodeAnalysis“, „StyleGuide und „ApplicationTest“ wegen der Übersicht im Klassendiagramm zur Klasse „TestLogic“ zusammengefasst.

Diese Testergebnisse werden an die Klasse „Model“ übergeben. Wenn die Tabelle für die Testergebnisse erstellt wurde, wird diese an die Klasse „Presenter“ übergeben. Es wird nun die Tabelleneigenschaft für die Anzeige von Fehlern überprüft. Wenn diese Tabelleneigenschaft auf den Wert „True“ gesetzt ist, dann sind Fehler vorhanden und der Prozess wird abgebrochen. Wenn diese Tabelleneigenschaft auf den Wert „False“ gesetzt ist, dann sind keine Fehler vorhanden und der Prozess kann fortgesetzt werden. Im nächsten Schritt wird die Tabelle mit den Testergebnissen an die Klasse „MainWindow“ übergeben. Beim manuellen Ablauf wird die Tabelle für die Ergebnisse in der grafischen Benutzeroberfläche angezeigt. Dieser Schritt entfällt beim automatisierten Ablauf. Zum Schluss wird beim manuellen bzw. beim automatisierten Ablauf der Testreport für die Testergebnisse erstellt. Abbildung 3 zeigt das Klassendiagramm, wobei der PlantUML-Code zur Erstellung des Klassendiagramms in Kapitel 10 bereitgestellt wird.

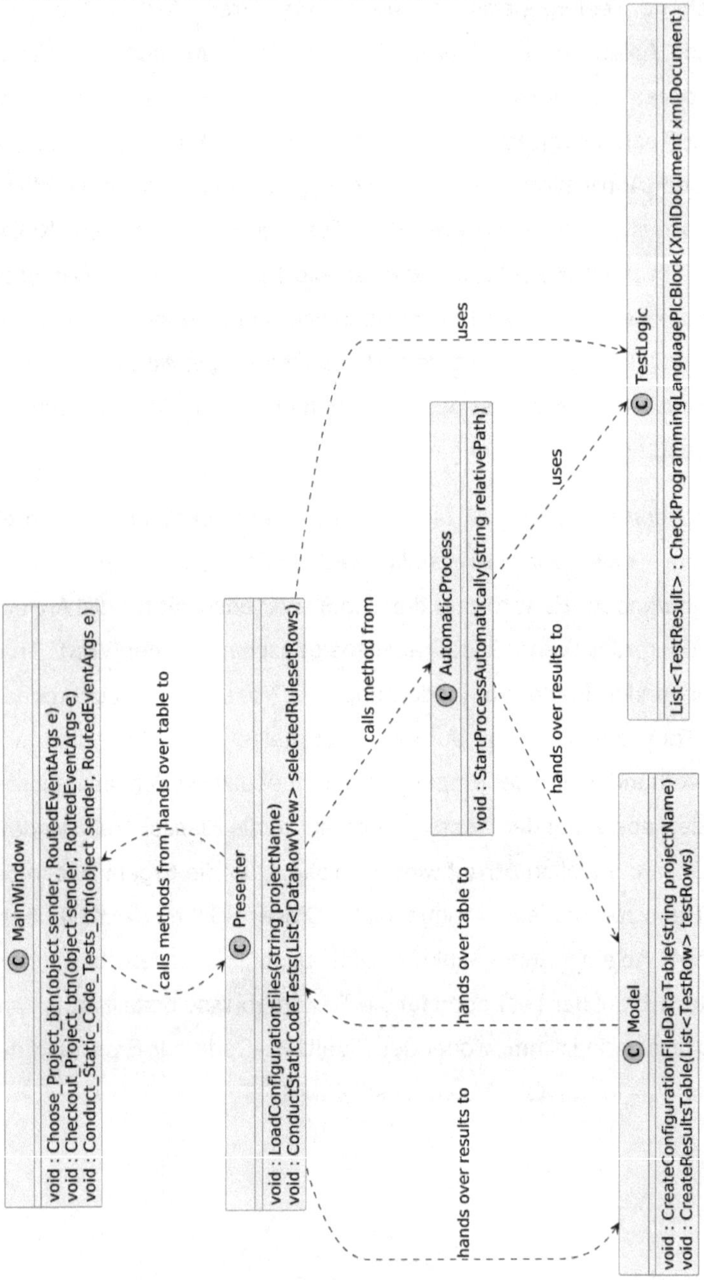

Abbildung 3: Klassendiagramm mit einem Teil der Klassen des Testmanagement-Frameworks

3.7 Realisierungsentscheidungen des Testmanagement-Frameworks

In diesem Abschnitt werden Entscheidungen, welche die Realisierung des Testmanagement-Frameworks betreffen, festgehalten.

3.7.1 Realisierung mit dem MVP-Pattern

Das Testmanagement-Framework wird als MVP-Pattern realisiert. Die Klasse „MainWindow“ repräsentiert die View, die Klasse „Presenter“ repräsentiert den Presenter und die Klasse „Model“ repräsentiert das Model. Es gibt zusätzlich eine eigene Klasse „AutomaticProcess“, um die Logik des automatisierten Ablaufs kapseln und von den restlichen Klassen separieren zu können. Mit dem MVP-Pattern kann die grafische Benutzeroberfläche des Testmanagement-Frameworks vom Datenmodell separiert werden [vgl. Potel, 1996, S. 3]. Daher wurde dieses Design Pattern verwendet.

3.7.2 Realisierung als eigenständige C#-Applikation

Das Testmanagement-Framework wird als eigenständige Applikation entwickelt. Es gibt auch die Möglichkeit, eine Applikation als TIA Add-In zu entwickeln. Ein TIA Add-In erweitert durch die TIA Portal Openness API die Funktionen von TIA Portal. Das TIA Add-In kann direkt im TIA Portal gestartet werden, ohne externe Applikationen ausführen zu müssen [vgl. Siemens AG-TIA Add-Ins, 2022, S. 4]. Da ein TIA Add-In nur bei einem bereits geöffneten TIA Portal Projekt gestartet werden kann und es auch die Möglichkeiten geben soll, ein TIA Portal Projekt aus dem Datei-Explorer auswählen bzw. aus octoplant auschecken zu können, wurde das Testmanagement-Framework als eigenständige C#-Applikation entwickelt.

3.7.3 Integration in die Softwareapplikation „TSG4T“

Das Testmanagement-Framework wurde in einem Branch der Softwareapplikation „TSG4T“ integriert. Weitere Informationen zur Softwareapplikation „TSG4T“ lassen sich in Abschnitt 3.11.1 finden. Die

Integration in die Softwareapplikation „TSG4T" wurde durchgeführt, da es nun auch eine Möglichkeit gibt, Überprüfungen für TIA Portal Projekte durchführen zu können. Außerdem gibt es dann für die SPS-Entwicklung eine Applikation anstelle zweier unabhängiger Applikationen.

3.7.4 Befehl für das Auschecken eines TIA Portal Projekts

Es gibt einen eigenen Befehl namens „Check-Out", um automatisiert ein TIA Portal Projekt aus octoplant auszuchecken. Dazu wird die Angabe des relativen Pfads eines TIA Portal Projekts benötigt. Der Befehl „Check-Out" lautet folgendermaßen [vgl. octoplant-Check-Out, 2024]:

„"C:\Programme\vdogClient\VDogAutoCheckOut.exe" /rd:{ClientArchive} "/dirR:{Relativer Komponentenpfad}" /Account:{Benutzer} /Password:{Passwort} [/domain:{Domain}] [/WithBackups:{Y/N}] [/NumberOfArchives:{Anzahl}]"

Im Folgenden wird die Bedeutung der einzelnen Parameter beschrieben [vgl. octoplant-Check-Out, 2024]:

1) rd:{ClientArchive}: Dieser Parameter beschreibt den Pfad zum Archiv des Clients.

2) dirR: {Relativer Komponentenpfad}: Dieser Parameter beschreibt den relativen Pfad einer Komponente bzw. einer Datei, welche ausgecheckt werden soll. Wenn kein Wert für diesen Parameter angegeben wird, dann werden alle Komponenten ausgecheckt. Der Nutzer bzw. die Nutzerin muss eine Leseberechtigung für diesen relativen Pfad haben.

3) Account:{Benutzer}: Dieser Parameter beschreibt den Namen des Nutzers bzw. der Nutzerin, mit dem der Check-Out ausgeführt wird.

4) Password:{Passwort}: Dieser Parameter beschreibt das Passwort des Nutzers bzw. der Nutzerin.

5) domain:{Domain}: Dieser optionale Parameter beschreibt die Domain des Nutzers bzw. der Nutzerin.

6) WithBackups:{Y/N}: Dieser optionale Parameter beschreibt, ob auch Backups ausgecheckt werden sollen. Dieser Parameter kann nur die zwei Werte „Y“ und „N“ annehmen. Wenn für diesen Parameter „Y“ angegeben wird, dann werden auch Backups ausgecheckt. Wenn für diesen Parameter „N“ angegeben wird, dann werden keine Backups ausgecheckt. Der Standardwert für diesen Parameter lautet „N“.

7) NumberOfArchives:{Anzahl}: Dieser optionale Parameter beschreibt die Anzahl an Archiven, welche ausgecheckt werden sollen. Der Standardwert für diesen Parameter lautet „0“, wobei in diesem Fall alle Archive ausgecheckt werden.

Die Parameter „domain:{Domain}“, „WithBackups:{Y/N}“ und „NumberOfArchives:{Anzahl}“ sind optional [vgl. octoplant-Check-Out, 2024]. Der Parameter „NumberOfArchives:{Anzahl}“ wird auf den Wert “1” gesetzt, damit nur das aktuelle Archiv eines TIA Portal Projekts ausgecheckt wird. Das automatisierte Auschecken eines TIA Portal Projekts aus octoplant wurde so realisiert, dass in der C#-Applikation ein neuer Prozess für den Befehl „Check-Out“ gestartet und ausgeführt wird. Zuvor werden aber die Werte für die Parameter des Befehls „Check-Out“ angegeben.

3.8 Manueller Ablauf

In diesem Abschnitt wird der manuelle Ablauf des Testmanagement-Frameworks erläutert. Es gibt dabei zwei mögliche Wege für den manuellen Ablauf: Entweder wird ein TIA Portal Projekt aus dem Datei-Explorer ausgewählt oder ein TIA Portal Projekt wird mit der Angabe des relativen Pfads aus octoplant ausgecheckt.

3.8.1 Ablaufdiagramm für die Auswahl eines TIA Portal Projekts aus dem Datei-Explorer

Zu Beginn wird die Applikation für das Testmanagement-Framework gestartet. Dabei erscheint die grafische Benutzeroberfläche des Testmanagement-Frameworks. Wenn auf den Button mit der Beschriftung „Choose project" geklickt wird, dann erscheint ein eigenes Fenster, mit dem ein TIA Portal Projekt vom Datei-Explorer ausgewählt werden kann. Der Filter dieses Fensters ist dabei auf den Wert „TIA Portal V19 Projekte (*.ap19)" gesetzt. Wenn ein entsprechendes TIA Portal Projekt vom Datei-Explorer ausgewählt wurde, verschwindet das Fenster und die Informationen der Tests, welche im Arbeitsblatt mit dem Namen „Configuration" der Konfigurationsdatei hinterlegt sind, werden in die C#-Applikation eingelesen.

In der grafischen Benutzeroberfläche werden nur die Tests angezeigt, bei denen der Name der Projektbibliothek, welcher für jeden Test im Arbeitsblatt „Configuration" der Konfigurationsdatei hinterlegt ist, mit dem Namen des ausgewählten TIA Portal Projekts übereinstimmt. Wenn es noch keine entsprechenden Einträge im Arbeitsblatt „Configuration" der Konfigurationsdatei für ein TIA Portal Projekt gibt, werden auch keine Tests in der grafischen Benutzeroberfläche angezeigt. Wenn Einträge in der grafischen Benutzeroberfläche vorhanden sind, dann können die Tests ausgewählt und ausgeführt werden. Es kann eine statische Codeanalyse, wobei diese Regelsätze und die SimaticML-Dokumentenanalyse umfasst, ausgeführt werden. Des Weiteren können auch Testfälle ausgeführt werden. Es ist nicht möglich, eine statische Codeanalyse und Testfälle gemeinsam auszuführen. In einer Ausführung können nur eine statische Codeanalyse bzw. Testfälle ausgeführt werden. Im nächsten Schritt werden die Ergebnisse einer

Ausführung in der grafischen Benutzeroberfläche des Testmanagement-Frameworks angezeigt und es wird ein Testreport als XML-Dokument ausgegeben. Zum Schluss wird die Applikation für das Testmanagement-Framework beendet. Abbildung 4 zeigt das Ablaufdiagramm für den manuellen Ablauf mit der Auswahl eines TIA Portal Projekts, wobei hier das Szenario von einem fehlerfreien und einmaligen Durchlauf dargestellt wird, um das Prinzip des manuellen Ablaufs für die Auswahl eines TIA Portal Projekts aus dem Datei-Explorer zu verdeutlichen.

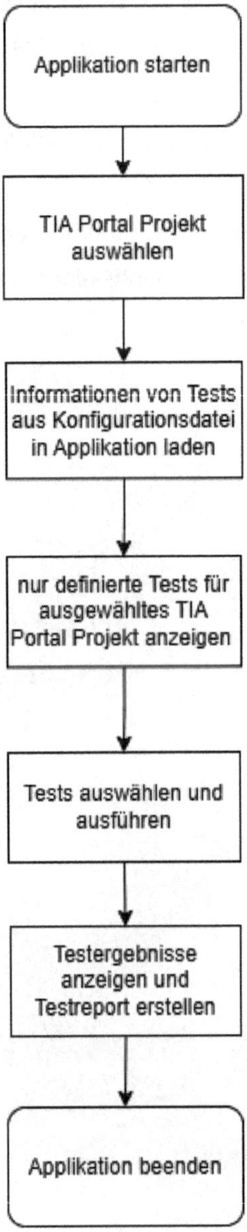

Abbildung 4: Ablaufdiagramm für den manuellen Ablauf mit der Auswahl eines TIA Portal Projekts aus dem Datei-Explorer

3.8.2 Ablaufdiagramm für das Auschecken eines TIA Portal Projekts von octoplant

Zuerst wird die Applikation für das Testmanagement-Framework gestartet. Dabei erscheint die grafische Benutzeroberfläche des Testmanagement-Frameworks. Nun muss in die Textbox, bei der sich oberhalb ein Label mit der Beschriftung „Relative path:“ befindet, der relative Pfad des TIA Portal Projekts angegeben werden. Der relative Pfad eines TIA Portal Projekts kann mit octoplant bestimmt werden, wenn das entsprechende TIA Portal Projekt in octoplant vorhanden ist. Wenn auf den Button mit der Beschriftung „Check out project“ geklickt wird, dann wird das TIA Portal Projekt aus octoplant ausgecheckt. Wenn der relative Pfad des TIA Portal Projekts nicht existiert bzw. fehlerhaft ist, dann wird der Vorgang des Auscheckens eines TIA Portal Projekts abgebrochen und der genannte Prozess muss mit der Angabe eines relativen Pfads noch einmal durchgeführt werden. Wenn das Auschecken des TIA Portal Projekts erfolgreich war, muss im nächsten Schritt das ausgecheckte TIA Portal Projekt im Datei-Explorer gefunden werden. Das ausgecheckte TIA Portal Projekt wird an einem bestimmten Ort im Datei-Explorer abgelegt. Wenn das ausgecheckte TIA Portal Projekt im Datei-Explorer gefunden wurde, werden die Informationen der Tests, welche im Arbeitsblatt mit dem Namen „Configuration“ der Konfigurationsdatei hinterlegt sind, in die C#-Applikation für das Testmanagement-Framework eingelesen.

In der grafischen Benutzeroberfläche werden nur die Tests angezeigt, bei denen der Name der Projektbibliothek, welcher für jeden Test im Arbeitsblatt „Configuration“ der Konfigurationsdatei hinterlegt ist, mit dem Namen des ausgewählten TIA Portal Projekts übereinstimmt. Wenn es noch keine entsprechenden Einträge im Arbeitsblatt „Configuration“ der Konfigurationsdatei für ein TIA Portal Projekt gibt, werden auch keine Tests in der grafischen Benutzeroberfläche angezeigt. Wenn Einträge in der grafischen

Benutzeroberfläche vorhanden sind, dann können die Tests ausgewählt und ausgeführt werden. Es kann eine statische Codeanalyse, wobei diese Regelsätze und die SimaticML-Dokumentenanalyse umfasst, ausgeführt werden. Des Weiteren können auch Testfälle ausgeführt werden. Es ist nicht möglich, eine statische Codeanalyse und Testfälle zusammen auszuführen, daher können in einer Ausführung nur eine statische Codeanalyse bzw. Testfälle ausgeführt werden. Im nächsten Schritt werden die Ergebnisse einer Ausführung in der grafischen Benutzeroberfläche des Testmanagement-Frameworks angezeigt und es wird ein Testreport als XML-Dokument ausgegeben. Zum Schluss wird die Applikation für das Testmanagement-Framework beendet. Abbildung 5 zeigt das Ablaufdiagramm für den manuellen Ablauf mit dem Auschecken eines TIA Portal Projekts aus octoplant, wobei hier das Szenario von einem fehlerfreien und einmaligen Durchlauf dargestellt wird, um das Prinzip des manuellen Ablaufs für das Auschecken eines TIA Portal Projekts aus octoplant zu verdeutlichen.

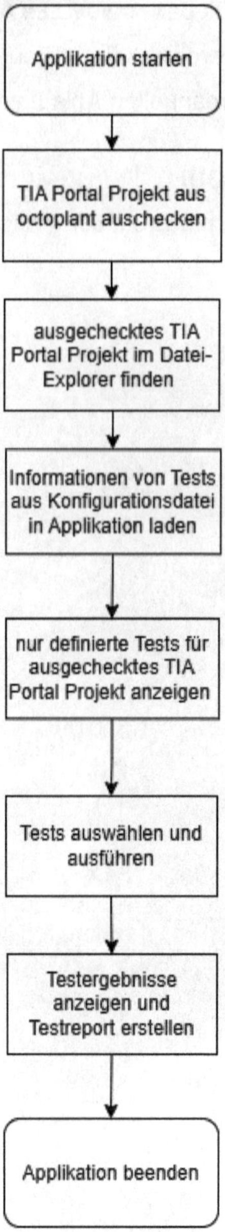

Abbildung 5: Ablaufdiagramm für den manuellen Ablauf mit dem Auschecken eines TIA Portal Projekts aus octoplant

3.8.3 Elemente der GUI für den manuellen Ablauf

In diesem Abschnitt werden die Steuerelemente der grafischen Benutzeroberfläche für den manuellen Ablauf erläutert.

3.8.3.1 Gesamtansicht der GUI

Abbildung 6 zeigt eine Gesamtansicht der grafischen Benutzeroberfläche.

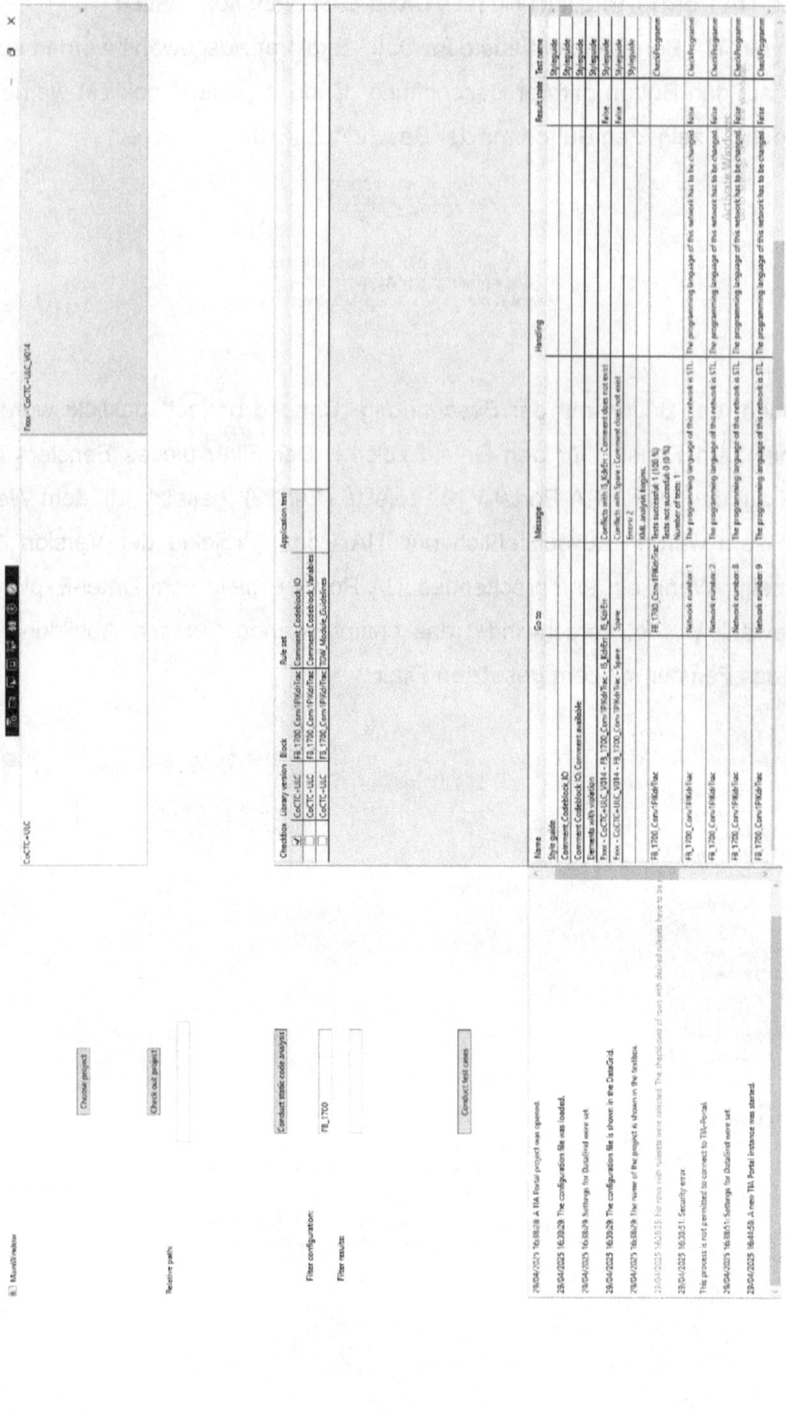

Abbildung 6: Gesamtansicht der grafischen Benutzeroberfläche

3.8.3.2 TIA PORTAL PROJEKT MITTELS DATEI-EXPLORER AUSWÄHLEN

Wenn ein TIA Portal Projekt aus dem Datei-Explorer ausgewählt werden soll, muss auf den Button mit der Beschriftung „Choose project“ geklickt werden. Abbildung 7 zeigt den Button mit der Beschriftung „Choose project“.

Abbildung 7: Button mit Beschriftung "Choose project" zur Auswahl eines TIA Portal Projekts aus dem Datei-Explorer

Nachdem der Button mit der Beschriftung „Choose project“ geklickt wurde, erscheint ein Fenster für den Datei-Explorer. Der Filter dieses Fensters ist dabei auf den Wert „TIA Portal V19 Projekte (*.ap19)“ gesetzt. Mit dem Wert des Filters werden ausschließlich nur TIA Portal Projekte der Version 19 angezeigt. Wenn ein entsprechendes TIA Portal Projekt vom Datei-Explorer ausgewählt wurde, verschwindet das entsprechende Fenster. Abbildung 8 zeigt das Fenster mit dem gesetzten Filter.

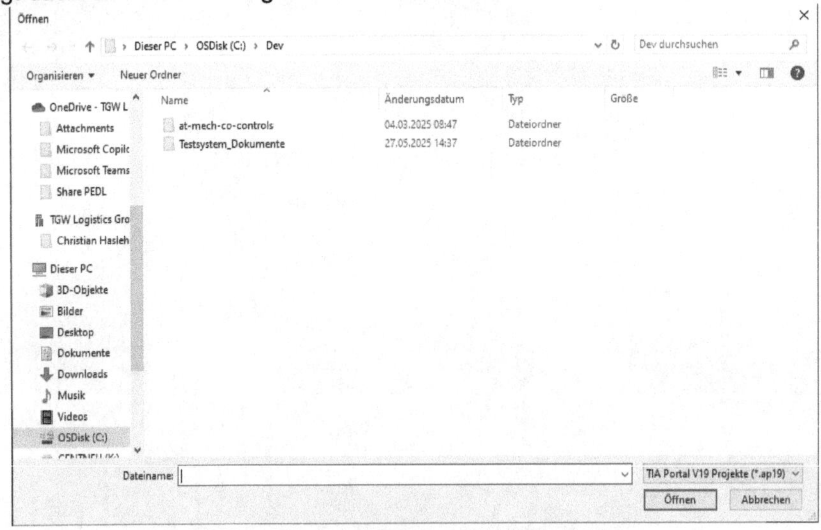

Abbildung 8: Fenster mit gesetztem Filter für den Datei-Explorer zur Auswahl eines TIA Portal Projekts

3.8.3.3 TIA PORTAL PROJEKT VON OCTOPLANT AUSCHECKEN

Bevor ein TIA Portal Projekt aus octoplant ausgecheckt werden kann, muss der relative Pfad des TIA Portal Projekts mit octoplant bestimmt und in die Textbox eingegeben werden, wobei sich oberhalb der Textbox ein Label mit der Beschriftung „Relative path:“ befindet. Wenn nun ein TIA Portal Projekt von octoplant ausgecheckt werden soll, muss auf den Button mit der Beschriftung „Check out project“ geklickt werden. Abbildung 9 zeigt das Label mit der Beschriftung „Relative path:“, die Textbox zur Eingabe des relativen Pfads und den Button mit der Beschriftung „Check out project“.

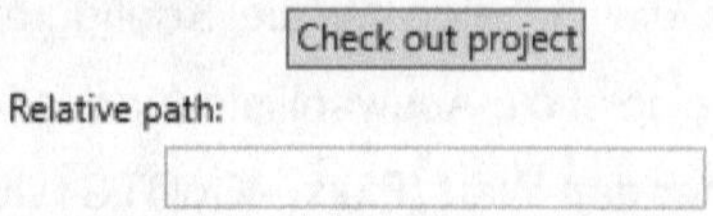

Abbildung 9: Button mit Beschriftung "Check out project", Label mit Beschriftung "Relative path:" und Textbox zur Angabe des relativen Pfads für das Auschecken eines TIA Portal Projekts aus octoplant

3.8.3.4 PROJEKTNAMEN ANZEIGEN

Nachdem ein TIA Portal Projekt vom Datei-Explorer ausgewählt oder von octoplant ausgecheckt wurde, wird in einer Textbox der Name des Projekts angezeigt. Abbildung 10 zeigt als Beispiel die Textbox mit dem Projektnamen „CoCTC+ULC“.

Abbildung 10: Textbox zur Anzeige des Projektnamens

3.8.3.5 Filter für PLCs

Nachdem ein TIA Portal Projekt vom Datei-Explorer ausgewählt oder von octoplant ausgecheckt wurde, werden alle Namen der verfügbaren PLCs, welche im TIA Portal Projekt vorhanden sind, in einer Auswahlliste dargestellt. Wenn nun der Anwender bzw. die Anwenderin einen Eintrag aus der Auswahlliste auswählt, werden alle Tests in der Anzeige für die Konfigurationsdatei dargestellt, bei denen der hinterlegte Name der PLC mit dem ausgewählten Namen der PLC aus der Auswahlliste übereinstimmt. Da die Namen der PLCs bereits in der Auswahlliste dargestellt werden, werden sie nicht noch einmal in der Anzeige für die Konfigurationsdatei dargestellt. Abbildung 11 zeigt als Beispiel die Auswahlliste für das Projekt „CoCTC+ULC“ mit einem Eintrag, welcher den Wert „Fxxx – CoCTC+ULC_V014“ hat.

Abbildung 11: Auswahlliste für die vorhandenen PLCs eines TIA Portal Projekts

3.8.3.6 Tests der Konfigurationsdatei anzeigen

Wenn ein TIA Portal Projekt vom Datei-Explorer ausgewählt oder von octoplant ausgecheckt wurde, werden nur die Tests aus dem Arbeitsblatt „Configuration“ der Konfigurationsdatei angezeigt, bei denen der Name der hinterlegten Projektbibliothek dem Namen des TIA Portal Projekts entspricht. Die Tests der Konfigurationsdatei werden in einem Tabellenformat dargestellt. Die Spalte

„Checkbox“ bietet die Möglichkeit, einen Test oder mehrere Tests auszuwählen, wobei bei ausgewählten Tests ein Häkchen in der Checkbox erscheint, die Spalte „Library version“ enthält den Namen der Projektbibliothek, die Spalte „Block“ enthält den Namen des Testobjekts, die Spalte „Rule set“ enthält den Namen des Regelsatzes und die Spalte „Application test“ enthält den Namen des Testfalls. Abbildung 12 zeigt als Beispiel die Anzeige für die Tests, welche aus dem Arbeitsblatt „Configuration“ der Konfigurationsdatei stammen und in diesem Fall der Projektbibliothek „CoCTC+ULC“ zugeordnet werden.

Checkbox	Library version	Block	Rule set	Application test
☐	CoCTC+ULC	FB_1387_WindowsDynamic	TGW_Module_Guidelines	
☐	CoCTC+ULC	FB_1388_FineSequencer	Comment_Codeblock_IO	
☐	CoCTC+ULC	FB_1388_FineSequencer	Comment_Codeblock_Variables	
☐	CoCTC+ULC	FB_1388_FineSequencer	TGW_Module_Guidelines	
☐	CoCTC+ULC	FB_1390_CO_MFS_HPointCFT	Comment_Codeblock_IO	
☐	CoCTC+ULC	FB_1390_CO_MFS_HPointCFT	Comment_Codeblock_Variables	
☐	CoCTC+ULC	FB_1390_CO_MFS_HPointCFT	TGW_Module_Guidelines	
☐	CoCTC+ULC	FB_1400_ConvMulti	Comment_Codeblock_IO	
☐	CoCTC+ULC	FB_1400_ConvMulti	Comment_Codeblock_Variables	
☐	CoCTC+ULC	FB_1400_ConvMulti	TGW_Module_Guidelines	
☐	CoCTC+ULC	FB_1400_ConvMulti		Error_Test
☐	CoCTC+ULC	FB_1401_Drv	Comment_Codeblock_IO	
☐	CoCTC+ULC	FB_1401_Drv	Comment_Codeblock_Variables	
☐	CoCTC+ULC	FB_1401_Drv	TGW_Module_Guidelines	

Abbildung 12: Anzeige zur Darstellung der Tests

3.8.3.7 Komfortfunktionen für Checkbox-Auswahl bei der Anzeige der Konfigurationsdatei

Wenn sich der Mauszeiger in der Anzeige für die Konfigurationsdatei befindet und auf der linken Seite der Maus geklickt wird, dann erscheint das Kontextmenü, welches zwei Komfortfunktionen für die Anzeige der Konfigurationsdatei enthält. Die erste Komfortfunktion namens „Mark all checkboxes“ sorgt dafür, dass alle Tests der aktuellen Ansicht der Anzeige für die Konfigurationsdatei ausgewählt werden. Die zweite Komfortfunktion mit dem Namen „Remove all checkboxes“ sorgt dafür, dass alle Häkchen der ausgewählten Tests der aktuellen Ansicht der Anzeige für die Konfigurationsdatei zurückgesetzt werden und es somit keine ausgewählten Tests mehr gibt. Diese zwei Komfortfunktionen können für die Gesamtansicht oder für eine gefilterte Ansicht verwendet werden. Abbildung 13 zeigt das Kontextmenü mit den Komfortfunktionen „Mark all checkboxes“ und „Remove all checkboxes“.

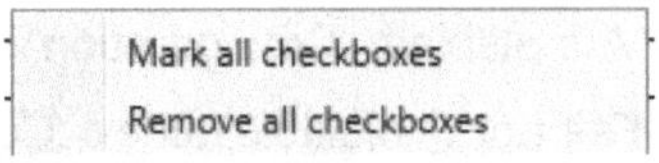

Abbildung 13: Kontextmenü mit den Funktionen für die Auswahl aller dargestellten Tests bzw. zur Rückgängigmachung der Auswahl aller dargestellten

3.8.3.8 Statische Codeanalyse durchführen

Wenn Tests mit definierten Regelsätzen ausgewählt wurden, kann auf den Button mit der Beschriftung „Conduct static code analysis“ geklickt werden. Die statische Codeanalyse besteht aus den Regelsätzen, welche mit dem Styleguide der Test Suite Advanced erstellt wurden und der SimaticML-Dokumentenanalyse. Zuerst werden die Regelsätze ausgeführt und im Anschluss werden die Funktionen der SimaticML-Dokumentenanalyse für Funktionsbausteine, PLC-Variablentabellen bzw. PLC-Datentypen ausgeführt. Abbildung 14 zeigt den Button mit der Beschriftung „Conduct static code analysis“ zur Durchführung der statischen Codeanalyse.

Abbildung 14: Button mit Beschriftung "Conduct static code analysis" zur Ausführung der statischen Codeanalyse

3.8.3.9 TESTFÄLLE DURCHFÜHREN

Wenn Tests mit definierten Testfällen ausgewählt wurden, kann auf den Button mit der Beschriftung „Conduct test cases“ geklickt werden. Für die Durchführung der Testfälle, welche mit dem Applikationstest der Test Suite Advanced erstellt wurden, wird eine Projektvorlage verwendet, welche schon die Funktionsbausteine und die benötigten Abhängigkeiten enthält. Diese Projektvorlage wird in eine PLCSIM Advanced Instanz geladen und im Anschluss werden die Testfälle ausgeführt. Abbildung 15 zeigt den Button mit der Beschriftung „Conduct test cases“ zur Durchführung der Testfälle.

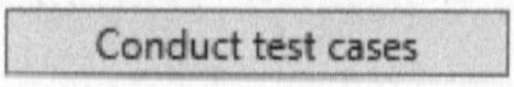

Abbildung 15: Button mit Beschriftung "Conduct test cases" zur Ausführung der Testfälle

3.8.3.10 TESTERGEBNISSE ANZEIGEN UND DER TESTREPORT

Wenn die ausgewählten Tests durchgeführt wurden, werden die Testergebnisse in einer eigenen Anzeige in einem Tabellenformat dargestellt. Die Spalte „Name“ enthält den Namen des Testobjekts oder zusätzliche Informationen für das Testergebnis, die Spalte „Go to“ enthält den Namen der Variable, die Spalte „Message“ enthält die Nachricht, die Spalte „Handling“ enthält eine Beschreibung für die Fehlerbehebung, die Spalte „Result state“ kennzeichnet den Zustand des Testergebnisses, wobei der Zustand „FALSCH“ oder leer sein kann, die Spalte „Test name“ gibt den Namen des Tests an, die Spalte „Message type“ gibt die Art der Nachricht an und die Spalte „Date and time“ enthält eine Angabe für ein Datum und eine Angabe für die Zeit, wobei für die Zeitangabe die lokale Zeit des Rechners verwendet wird. Abbildung 16 stellt den einen Teil der Anzeige für die Testergebnisse mit den Spalten „Name“, „Go to“, „Message“, „Handling“ und „Result state“ dar.

Name	Go to	Message	Handling	Result state
Elements with violation				
		Errors: 0		
		XML analysis begins.		
FB_1400_ConvMulti	FB_1400_ConvMulti	Tests successful: 1 (100 %) Tests not succesful: 0 (0 %) Number of tests: 1		
FB_1400_ConvMulti	FB_1400_ConvMulti	Tests successful: 61 (100 %) Tests not succesful: 0 (0 %) Number of tests: 61		
FB_1400_ConvMulti	Network comment number: 3	No comment was found in the language en-GB.	A comment has to be written in the language en-GB.	False
FB_1400_ConvMulti	Network comment number: 4	No comment was found in the language en-GB.	A comment has to be written in the language en-GB.	False
FB_1400_ConvMulti	Network comment number: 5	No comment was found in the language en-GB.	A comment has to be written in the language en-GB.	False

Abbildung 16: Anzeige für die Testergebnisse - Teil 1

Abbildung 17 stellt den anderen Teil der Anzeige für die Testergebnisse mit den Spalten „Test name“, „Message type“, und „Date and time“ dar.

Test name	Message type	Date and time
Styleguide	Test result	29/04/2025 16:28:06
Styleguide	Test result	29/04/2025 16:28:08
	Info	29/04/2025 16:31:56
CheckProgrammingLanguagePlcBlock	Statistics binary test result	29/04/2025 16:32:16
CheckProgrammingLanguageAllNetworksPlcBlock	Statistics binary test result	29/04/2025 16:32:16
CheckTitleAndCommentOfFbNetwork	Test result	29/04/2025 16:32:16
CheckTitleAndCommentOfFbNetwork	Test result	29/04/2025 16:32:16
CheckTitleAndCommentOfFbNetwork	Test result	29/04/2025 16:32:16

Abbildung 17: Anzeige für die Testergebnisse - Teil 2

Neben der Darstellung der Testergebnisse in der Anzeige wird auch ein Testreport erstellt, welches das Dateiformat „xml“ hat. Die Daten des XML-Dokuments können nach Excel importiert und dort auch dargestellt werden. Tabelle 7 stellt einen Teil eines Testreports mit der Spalte „Name“ für den Namen des Testobjekts oder für zusätzliche Informationen, der Spalte

„Go_x0020_to“ für den Namen der Variable, der Spalte „Message“ für den Inhalt der Nachricht, der Spalte „Handling“ für die Fehlerbehebung, der Spalte „Test_x0020_name“ zur Angabe des Testnamens, der Spalte „Message_x0020_type“ für die Art der Nachricht, der Spalte „Date_x0020_and_x0020_time“ für die Angabe eines Datums und einer Zeit, welche auf der lokalen Zeit des Computers basiert und der Spalte „Result_x0020_state“ zur Angabe des Zustands eines Testergebnisses, wobei der Zustand einer Ergebnismeldung „FALSCH“ oder „leer“ sein kann, dar.

Name	Go_x0020_to	Message	Handling	Test_x0020_name	Message_x0020_type	Date_x0020_and_x0020_time	Result_x0020_state
Style guide				Styleguide	Test result	07.05.2025 07:54	
Comment_Codeblock_IO				Styleguide	Test result	07.05.2025 07:54	
Comment Codeblock IO: Comment available				Styleguide	Test result	07.05.2025 07:54	
Elements with violation				Styleguide	Test result	07.05.2025 07:54	
		Errors: 0		Styleguide	Test result	07.05.2025 07:54	
Comment Codeblock static: Comment available				Styleguide	Test result	07.05.2025 07:54	
Elements with violation				Styleguide	Test result	07.05.2025 07:54	
Comment Codeblock temp:				Styleguide	Test result	07.05.2025 07:54	

Comment available							
Elements with violation				Styleguide	Test result	07.05.2025 07:54	
Fxxx - CoCTC+ULC_V014 - FB_1950_XAxisLze - T_MAL	T_MAL	Conflicts with T_MAL : Comment does not exist		Styleguide	Test result	07.05.2025 07:54	FALSCH
Fxxx - CoCTC+ULC_V014 - FB_1950_XAxisLze - T_Addr	T_Addr	Conflicts with T_Addr : Comment does not exist		Styleguide	Test result	07.05.2025 07:54	FALSCH
Fxxx - CoCTC+ULC_V014 - FB_1950_XAxisLze - t_retval	t_retval	Conflicts with t_retval : Comment does not exist		Styleguide	Test result	07.05.2025 07:54	FALSCH
Comment Codeblock const: Comment available				Styleguide	Test result	07.05.2025 07:54	
Elements with violation				Styleguide	Test result	07.05.2025 07:54	
		Errors: 3		Styleguide	Test result	07.05.2025 07:54	

Tabelle 7: Ausschnitt eines Testreports mit Testergebnissen

3.8.3.11 Filter für die Anzeigen der Konfigurationsdatei und der Testergebnisse

Die Anzeige für die Konfigurationsdatei bzw. für die Testergebnisse kann gefiltert werden. Dafür muss in die Textbox für die Konfigurationsdatei, wobei sich oberhalb der Textbox das Label mit der Beschriftung „Filter configuration:“ befindet, bzw. in die Textbox für die Testergebnisse, wobei sich oberhalb der Textbox das Label mit der Beschriftung „Filter results:“ befindet, der entsprechende Filterbegriff eingegeben werden. Bei dem Filterbegriff wird auf die Groß- und Kleinschreibung geachtet. Abbildung 18 zeigt die Textbox für die Anzeige der Konfigurationsdatei bzw. die Textbox für die Anzeige der Testergebnisse und das Label mit der Beschriftung „Filter configuration:“ bzw. das Label mit der Beschriftung „Filter results:“.

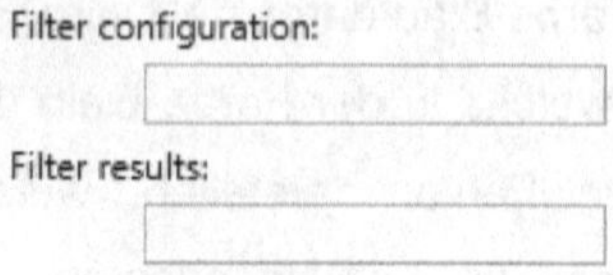

Abbildung 18: Labels "Filter configuration:" und "Filter results:" und Textboxen zur Angabe des jeweiligen Filterbegriffs zur Filterung der Anzeige für die Konfigurationsdatei bzw. zur Filterung der Anzeige für die Testergebnisse

Abbildung 19 zeigt eine gefilterte Ansicht für die Anzeige der Konfigurationsdatei mit dem Filterbegriff „FB_1400“, welche nur die Tests für den Funktionsbaustein „FB_1400_ConvMulti“ enthält.

Checkbox	Library version	Block	Rule set	Application test	
☐	CoCTC+ULC	FB_1400_ConvMulti	Comment_Codeblock_IO		
☐	CoCTC+ULC	FB_1400_ConvMulti	Comment_Codeblock_Variables		
☐	CoCTC+ULC	FB_1400_ConvMulti	TGW_Module_Guidelines		
☐	CoCTC+ULC	FB_1400_ConvMulti		Error_Test	

Abbildung 19: gefilterte Ansicht der Konfigurationsdatei mit dem Filterbegriff "FB_1400"

3.8.3.12 LOG-NACHRICHTEN DARSTELLEN

Log-Nachrichten werden in einem eigenen Steuerelement in vertikaler Anordnung gesammelt, wobei sich oben immer die älteste Log-Nachricht und unten die zuletzt erstellte Log-Nachricht befindet. Die Log-Nachricht besteht aus der Angabe eines Datums, der Angabe einer Zeit, wobei für diese Angabe die lokale Zeit des Rechners verwendet wird und der Angabe der Nachricht. Die Log-Nachrichten haben das folgende Format:

Tag/Monat/Jahr Stunde/Minute/Sekunde: Inhalt der Nachricht

Die Log-Nachrichten können in drei verschiedene Kategorien eingeteilt werden, wobei die Zuteilung einer Log-Nachricht zu einer Kategorie auch die Farbe der Log-Nachricht bestimmt. Eine Log-Nachricht kann eine Information darstellen, welche in der Farbe Blau dargestellt wird, eine Log-Nachricht kann eine Warnung darstellen, welche in der Farbe Gelb dargestellt wird und eine Log-Nachricht kann einen Fehler darstellen, welche in der Farbe Rot dargestellt wird. Beispiele für Log-Nachrichten, welche der Kategorie „Information" zugeordnet werden, wären das erfolgreiche Laden der Informationen der Tests aus dem Arbeitsblatt „Configuration" der Konfigurationsdatei oder die Darstellung der Tests in der Anzeige für die Konfigurationsdatei. Ein Beispiel für eine Log-Nachricht, welcher der Kategorie „Warnung" zugeordnet wird, wäre die Durchführung von Regelsätzen, obwohl noch keine Regelsätze ausgewählt wurden. Ein Beispiel für eine Log-Nachricht, welcher der Kategorie „Fehler" zugeordnet wird, wäre das Verbot, dass die Applikation für das Testmanagement-Framework keine Verbindung zu einer TIA Portal Instanz herstellen darf. Abbildung 20 zeigt sechs Log-Nachrichten für Informationen in der Farbe Blau, eine Log-Nachricht für eine Warnung in der Farbe Gelb und eine Log-Nachricht für einen Fehler in der Farbe Rot.

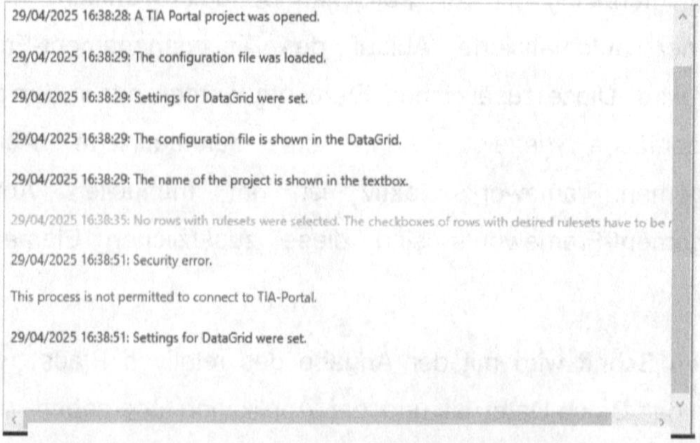

Abbildung 20: Anzeige für Log-Nachrichten der Kategorien "Information" (blau), "Warnung" (gelb) und "Fehler" (rot)

3.9 AUTOMATISIERTER ABLAUF

3.9.1 ABLAUFDIAGRAMM FÜR DEN AUTOMATISIERTEN ABLAUF

Zuerst wird eine Batch-Datei gestartet, wenn auf diese geklickt wird. Diese Batch-Datei enthält einen Parameter für die Bestätigung, dass der automatisierte Ablauf des Testmanagement-Frameworks ausgewählt wurde, einen Parameter für die Angabe des relativen Pfades eines TIA Portal Projekts und einen Befehl, welcher mit der Angabe des absoluten Pfades der ausführbaren Applikation die C#-Applikation für das Testmanagement-Framework startet. Wenn auf die Batch-Datei geklickt wurde, wird die C#-Applikation für das Testmanagement-Framework mit dem genannten Befehl gestartet. Es erscheint die grafische Benutzeroberfläche des Testmanagement-Frameworks mit einem zusätzlichen Text „Automatic process was started" und einem Bild, welches eine Uhr, einen Pfeil zur Darstellung des Uhrzeigersinns und einen Text „Waiting" enthält, weil es eine Angabe, welche ein Parameter der Batch-Datei ist und der Applikation übergeben wurde, für die Bestätigung gibt, dass der automatisierte Ablauf des Testmanagement-Frameworks abgearbeitet wird. Diese Elemente zeigen an, dass keine Interaktion mit der grafischen Benutzeroberfläche möglich ist, während der automatisierte Ablauf des Testmanagement-Frameworks ausgeführt wird. Diese zusätzlichen Elemente werden nur in der grafischen Benutzeroberfläche gezeigt, wenn der automatisierte Ablauf des Testmanagement-Frameworks aktiv ist. Im manuellen Ablauf des Testmanagement-Frameworks sind diese zusätzlichen Elemente nicht sichtbar.

Im nächsten Schritt wird mit der Angabe des relativen Pfads, welche ein Parameter der Batch-Datei ist und der Applikation übergeben wurde, das entsprechende TIA Portal Projekt aus octoplant ausgecheckt. Wenn der relative Pfad des TIA Portal Projekts fehlerhaft ist bzw. nicht existiert, dann wird der Vorgang des Auscheckens eines TIA Portal Projekts abgebrochen und der automatisierte Ablauf muss neu gestartet werden. Wenn das TIA Portal Projekt ausgecheckt werden konnte, muss es im Datei-Explorer gefunden werden. Das TIA Portal Projekt wird nach dem Auschecken an einem bestimmten Ort im Datei-Explorer abgelegt. Wenn das TIA Portal Projekt im Datei-Explorer gefunden wurde, können die Informationen der Tests, welche im Arbeitsblatt mit dem Namen „Configuration“ der Konfigurationsdatei hinterlegt sind, in die C#-Applikation für das Testmanagement-Framework eingelesen werden. Im nächsten Schritt werden alle Tests ausgeführt, bei denen der Name der Projektbibliothek mit dem Namen des ausgecheckten TIA Portal Projekts übereinstimmt. Wenn alle Tests für das ausgecheckte TIA Portal Projekt ausgeführt wurden, wird im Folgenden der Testreport erstellt. Bei dem Testreport handelt es sich um ein XML-Dokument und der Testreport enthält die Testergebnisse. Die Daten des Testreports können nach Excel importiert und dort angezeigt werden. Zum Schluss wird die Applikation für das Testmanagement-Framework beendet. Abbildung 21 zeigt das Ablaufdiagramm für den automatisierten Ablauf, wobei hier das Szenario von einem fehlerfreien und einmaligen Durchlauf dargestellt wird, um das Prinzip des automatisierten Ablaufs zu verdeutlichen.

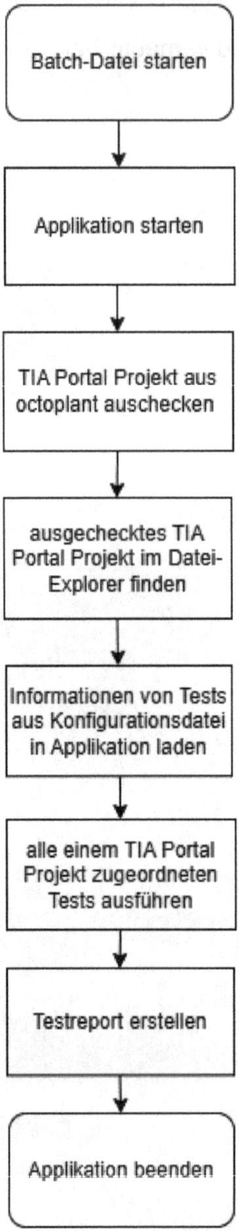

Abbildung 21: Ablaufdiagramm für den automatisierten Ablauf

3.9.2 Elemente der GUI für den automatisierten Ablauf

Die grafische Benutzeroberfläche des Testmanagement-Frameworks enthält einen zusätzlichen Text „Automatic process was started“ und ein Bild, welches eine Uhr, einen Pfeil zur Darstellung des Uhrzeigersinns und einen Text „Waiting“ zeigt. Das Bild stammt von [vgl. Vektor67, o.D.]. Diese Elemente zeigen an, dass keine Interaktion mit der grafischen Benutzeroberfläche möglich ist, während der automatisierte Ablauf des Testmanagement-Frameworks ausgeführt wird. Diese zusätzlichen Elemente werden nur in der grafischen Benutzeroberfläche gezeigt, wenn der automatisierte Ablauf des Testmanagement-Frameworks aktiv ist. Dabei sind alle anderen Elemente der grafischen Benutzeroberfläche, welche im manuellen Ablauf sichtbar sind, auch beim automatisierten Ablauf sichtbar. Im manuellen Ablauf des Testmanagement-Frameworks sind der Text und das Bild nicht sichtbar. Abbildung 22 zeigt den Text „Automatic process was started“ und dem Bild, welches eine Uhr, einen Pfeil zur Darstellung des Uhrzeigersinns und einen Text mit dem Inhalt „Waiting“ enthält.

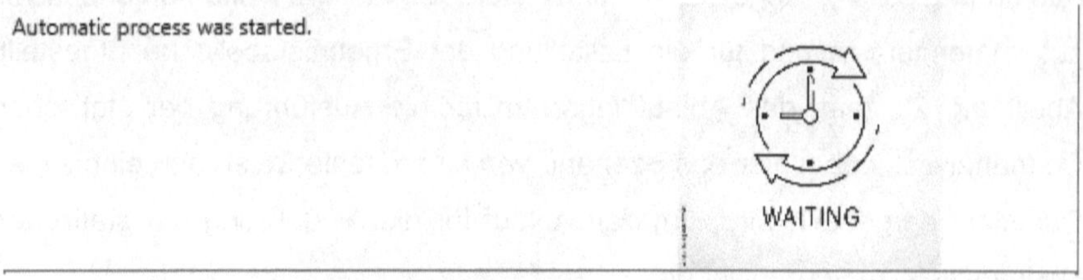

Abbildung 22: Text "Automatic process was started." und Bild mit dem Inhalt „Waiting“ zur Angabe des Starts des automatisierten Ablaufs

3.10 Ablaufdiagramm für die Ausführung der statischen Codeanalyse

Die statische Codeanalyse umfasst die Ausführung der ausgewählten Regelsätze und die Anwendung der Funktionen der SimaticML-Dokumentenanalyse auf ein SimaticML-Dokument. Zu Beginn müssen beim manuellen Ablauf Tests, welche einen Regelsatznamen beinhalten, ausgewählt werden oder beim automatisierten Ablauf Tests, welche einen Regelsatznamen beinhalten, in der Konfigurationsdatei für das TIA Portal Projekt definiert sein. Nun wird eine neue TIA Portal Instanz gestartet und das TIA Portal Projekt geöffnet. Wenn das TIA Portal Projekt geöffnet werden konnte, wird eine rekursive Suche nach den Testobjekten gestartet. Diese Testobjekte werden später benötigt, um den Geltungsbereich für die Regelsätze festlegen und das SimaticML-Dokument generieren zu können.

Wenn die Regelsätze nicht im TIA Portal Projekt vorhanden sind, dann müssen diese in das TIA Portal Projekt eingefügt werden. Im nächsten Schritt wird der Geltungsbereich je Regelsatz mit den Testobjekten festgelegt. Nun werden die Regelsätze ausgeführt und die Testergebnisse erstellt. Als Nächstes wird je Testobjekt das SimaticML-Dokument generiert und die Funktionen der SimaticML-Dokumentenanalyse auf das SimaticML-Dokument angewandt. Wenn die statische Codeanalyse für die Testobjekte ausgeführt wurde, wird die TIA Portal Instanz beendet. Zum Schluss werden die Ergebnisse nach der Ausführung der Regelsätze und der SimaticML-Dokumentenanalyse zusammengefasst und für die Erstellung der Ergebnistabelle bereitgestellt. Abbildung 23 zeigt das Ablaufdiagramm für die Ausführung der statischen Codeanalyse, wobei hier das Szenario von einem fehlerfreien und einmaligen Durchlauf dargestellt wird, um den Ablauf für die Ausführung der statischen Codeanalyse zu verdeutlichen.

Abbildung 23: Ablaufdiagramm für die Ausführung der statischen Codeanalyse

3.11 Ausführung der Testfälle

3.11.1 Projektvorlage für die Ausführung der Testfälle

Für die Ausführung der Testfälle wird eine Projektvorlage benötigt. Bei der Projektvorlage handelt es sich um ein TIA Portal Projekt, welches mit TIA Portal erstellt wurde. Im nächsten Schritt wurden die Softwaremodule „FB_1400_ConvMulti", „FB_1700_Conv1PlKdrTrac", „FB_2600_ConvMultiAIR" und „FB_2650_AccConvAIR" mit einer spezifischen Software namens „TSG4T", wobei die Abkürzung „TSG4T" für „TGW Software Generator for TIA Portal" steht [vgl. Haslehner, 2018, S. 8], des Unternehmens „TGW Logistics Group" am Standort in Wels in die Projektvorlage eingefügt. Das unternehmensspezifische Programm „TSG4T" basiert auf „.NET" und nutzt auch die TIA Portal Openness API. Die Applikation „TSG4T" nutzt ein Quellprojekt einer Produktlinie und fügt die Softwaremodule nach einer Modulliste, welche für ein Zielprojekt erstellt wurde, in dieses Zielprojekt ein [vgl. Haslehner, 2018, S. 8].

Daher wurden die Softwaremodule „FB_1400_ConvMulti", „FB_1700_Conv1PlKdrTrac", „FB_2600_ConvMultiAIR" und „FB_2650_AccConvAIR" nach einer Modulliste, welche für die Projektvorlage generiert wurde, von einem Projekt einer Produktlinie mit der Applikation „TSG4T" in die Projektvorlage eingefügt. Die Aufrufe und Abhängigkeiten der Softwaremodule waren in diesem Projekt einer Produktlinie vorhanden. Falls Abhängigkeiten nicht mit der Applikation „TSG4T" automatisiert in die Projektvorlage eingefügt werden können, müssen diese manuell vom Produktlinien-Projekt in die Projektvorlage eingefügt werden. Wenn weitere Softwaremodule getestet werden sollen, müssen diese zuvor mit der Software „TSG4T" in die Projektvorlage eingefügt werden, indem zuerst die fehlenden Softwaremodule in die Modulliste für die Projektvorlage eingefügt werden und danach die Softwaremodule durch die Applikation „TSG4T“vom Produktlinien-Projekt in die Projektvorlage hinzugefügt werden.

3.11.2 Ablaufdiagramm für die Ausführung der Testfälle

Zu Beginn müssen beim manuellen Ablauf Tests, welche einen Testfallnamen beinhalten, ausgewählt werden oder beim automatisierten Ablauf Tests, welche einen Testfallnamen beinhalten, in der Konfigurationsdatei für das TIA Portal Projekt definiert sein. Im nächsten Schritt wird eine TIA Portal Instanz gestartet und die Projektvorlage geöffnet. Nun kann eine PLCSIM Advanced Instanz gestartet und aktiviert werden. Nun muss eine PLC der Projektvorlage von der TIA Portal Instanz in die PLCSIM Advanced Instanz geladen werden. Wenn der Download erfolgreich war, werden die Testfälle anhand einer Testfall-Vorlage generiert. Es gibt z.B. für den Applikationstest „Error_Test“ eine eigene Vorlage, mit der die Testfälle für die einzelnen Fehlerbits erstellt werden können. Wenn im Arbeitsblatt „Applicationtests_Exceptions“ der Konfigurationsdatei eine Ausnahme vorhanden ist, wird für diese Ausnahme kein Testfall generiert.

Wenn die Testfälle noch nicht im TIA Portal Projekt verfügbar sind, müssen die Testfälle in das TIA Portal Projekt importiert werden. Im nächsten Schritt können die Testfälle ausgeführt und die Testergebnisse erstellt werden. Wenn die Testfälle ausgeführt wurden, werden die TIA Portal Instanz und die PLCSIM Advanced Instanz beendet. Zum Schluss werden die Ergebnisse nach der Ausführung der Testfälle zusammengefasst und für die Erstellung der Ergebnistabelle bereitgestellt. Abbildung 24 zeigt das Ablaufdiagramm für die Ausführung der Testfälle, wobei hier das Szenario von einem fehlerfreien und einmaligen Durchlauf dargestellt wird, um den Ablauf für die Ausführung der Testfälle zu verdeutlichen.

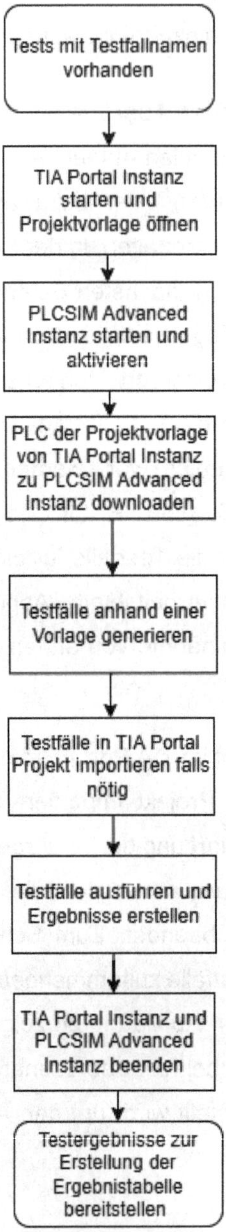

Abbildung 24: Ablaufdiagramm für die Ausführung der Testfälle

4 TESTERGEBNISSE DER SIMATICML-DOKUMENTENANALYSE UND DER DURCHLÄUFE

4.1 TESTS FÜR DIE FUNKTIONEN DER SIMATICML-DOKUMENTENANALYSE

Im Folgenden werden die Testergebnisse für die Funktionen der SimaticML-Dokumentenanalyse erläutert.

4.1.1 TESTOBJEKTE

Es wurde ein eigenes TIA Portal Projekt namens „StaticCodeAnalysisTests“ erstellt, um die Funktionen der SimaticML-Dokumentenanalyse testen zu können. In diesem Abschnitt werden die Testobjekte des TIA Portal Projekts „StaticCodeAnalysisTests“ aufgelistet. Zuerst werden die verwendeten Funktionsbausteine aufgelistet:

1) Block_1
2) Block_1_STL
3) Block_2
4) Block_2_STL
5) Block_3
6) Block_3_STL
7) Block_4

Nun werden die verwendeten PLC-Variablentabellen aufgelistet:

1) Tag table_1
2) Tag table_2

Zum Schluss werden die verwendeten PLC-Datentypen aufgelistet:

1) User_data_type_1

2) User_data_type_2

4.1.2 TESTERGEBNISSE

Im Folgenden werden die Testergebnisse je Funktion der SimaticML-Dokumentenanalyse vorgestellt:

Test für Funktion 1-CheckProgrammingLanguagePlcBlock:

Bei diesem Test für die Funktion „CheckProgrammingLanguagePlcBlock“ wurde bei den Funktionsbausteinen überprüft, ob sie in der Programmiersprache „STL“ verfasst wurden. Folgende Daten sind für diesen Test vorhanden:

1) Anzahl an Funktionsbausteinen in der Programmiersprache STL verfasst: 3

2) Anzahl an Funktionsbausteinen nicht in der Programmiersprache STL verfasst: 4

Folgende Testergebnisse sind vorhanden:

3) Anzahl an Nachrichten mit Inhalt *„The programming language of this block is STL. This has to be changed.“*: 3

4) Anzahl an Nachrichten mit Inhalt *“The programming language of the block is not STL. Nothing has to be changed.”*.: 4

Da die Anzahl der Funktionsbausteine gemäß Punkt 1) mit der Anzahl der Meldungen gemäß Punkt 3) sowie die Anzahl der Funktionsbausteine gemäß

Punkt 2) mit der Anzahl der Meldungen gemäß Punkt 4) übereinstimmt, kann dieser Test insgesamt als *erfolgreich* gewertet werden.

Test für Funktion 2-CheckProgrammingLanguageAllNetworksPlcBlock:

Bei diesem Test für die Funktion „CheckProgrammingLanguageAllNetworksPlcBlock" wurde bei den Funktionsbausteinen überprüft, ob die Netzwerke der Funktionsbausteine in der Programmiersprache „STL" verfasst wurden. Folgende Daten sind für diesen Test vorhanden:

1) Anzahl an Netzwerken in der Programmiersprache STL verfasst: 8
2) Anzahl an Netzwerke nicht in der Programmiersprache STL verfasst: 5

Folgende Testergebnisse sind vorhanden:

3) Anzahl an Nachrichten mit Inhalt *„The programming language of this network is STL. This has to be changed."*: 8

4) Anzahl an Nachrichten mit Inhalt *„The programming language of this network is not STL. Nothing has to be changed."*: 5

Da die Anzahl der Funktionsbaustein-Netzwerke gemäß Punkt 1) mit der Anzahl der Meldungen gemäß Punkt 3) sowie die Anzahl der Funktionsbaustein-Netzwerke gemäß Punkt 2) mit der Anzahl der Meldungen gemäß Punkt 4) übereinstimmt, kann dieser Test insgesamt als *erfolgreich* gewertet werden.

Test für Funktion 3-CheckTitleAndCommentOfFbNetwork:

Bei diesem Test für die Funktion „CheckTitleAndCommentOfFbNetwork" wurde bei den Funktionsbaustein-Netzwerken überprüft, ob ein Titel bzw. Kommentar in der Sprache britisches Englisch vorhanden war. Folgende

Daten sind für diesen Test vorhanden, wobei ein Eintrag einen Titel oder einen Kommentar eines Netzwerks darstellen kann:

1) Anzahl an korrekten Einträgen: 4

2) Anzahl an fehlerhaften bzw. leeren Einträgen: 22

Folgende Testergebnisse sind vorhanden:

3) Anzahl an Nachrichten mit Inhalt „*The entry exists and is in the language en-GB.*“: 4
4) Anzahl an Nachrichten mit Inhalt „*No entry was found in the language en-GB. A entry has to be written in the language en-GB.*“: 22

Da die Anzahl der Einträge gemäß Punkt 1) mit der Anzahl der Meldungen gemäß Punkt 3) sowie die Anzahl der Einträge gemäß Punkt 2) mit der Anzahl der Meldungen gemäß Punkt 4) übereinstimmt, kann dieser Test insgesamt als *erfolgreich* gewertet werden.

Test für Funktion 4-CheckVersionHistoryOfFunctionBlock:

Bei diesem Test für die Funktion „CheckVersionHistoryOfFunctionBlock“ wird bei Funktionsbausteinen überprüft, ob eine Versionsgeschichte im Blockkommentar vorhanden ist. Ein Eintrag dieser Versionsgeschichte muss dem Format aus dem Abschnitt 3.3 nach Funktion 4 entsprechen. Folgende Daten sind für diesen Test vorhanden:

1) Anzahl an Funktionsbausteinen mit einer Versionsgeschichte: 2

2) Anzahl an Funktionsbausteinen ohne einer Versionsgeschichte: 5

Folgende Testergebnisse sind vorhanden:

3) Anzahl an Nachrichten mit Inhalt „*The version history exists and is in the language en-GB.*“: 2

4) Anzahl an Nachrichten mit Inhalt „*No entry for the version history was found in the language en-GB. A version history has to be written in the language en-GB.*“: 5

Da die Anzahl der Funktionsbausteine gemäß Punkt 1) mit der Anzahl der Meldungen gemäß Punkt 3) sowie die Anzahl der Funktionsbausteine gemäß Punkt 2) mit der Anzahl der Meldungen gemäß Punkt 4) übereinstimmt, kann dieser Test insgesamt als *erfolgreich* gewertet werden.

Test für Funktion 5-CheckCommentPLCTagTable:

Bei diesem Test für die Funktion „CheckCommentPLCTagTable“ wird bei PLC-Variablentabellen überprüft, ob bei einer Variable bzw. bei einer Benutzerkonstante ein Kommentar in der Sprache britisches Englisch vorhanden ist. Folgende Daten sind für diesen Test vorhanden, wobei ein Eintrag eine Variable oder eine Benutzerkonstante einer PLC-Variablentabelle darstellen kann:

1) Anzahl an Einträgen mit Kommentar im britischen Englisch: 7
2) Anzahl an Einträgen ohne Kommentar im britischen Englisch: 4

Folgende Testergebnisse sind vorhanden:

3) Anzahl an Nachrichten mit Inhalt „*The comment for the variable exists and is in the language en-GB.*“: 7
4) Anzahl an Nachrichten mit Inhalt „*No comment in the language en-GB was found. A comment has to be written in the language en-GB.*“: 4

Da die Anzahl an Einträgen gemäß Punkt 1) mit der Anzahl der Meldungen gemäß Punkt 3) sowie die Anzahl an Einträgen gemäß Punkt 2) mit der Anzahl der Meldungen gemäß Punkt 4) übereinstimmt, kann dieser Test insgesamt als *erfolgreich* gewertet werden.

Test für Funktion 6-CheckCommentPLCDataType:

Bei diesem Test für die Funktion „CheckCommentPLCDataType" wird bei PLC-Datentypen überprüft, ob bei einem Eintrag eines PLC-Datentyps ein Kommentar in der Sprache britisches Englisch vorhanden ist. Folgende Daten sind für diesen Test vorhanden:

1) Anzahl an Einträgen mit Kommentar im britischen Englisch: 4
2) Anzahl an Einträgen ohne Kommentar im britischen Englisch: 5

Folgende Testergebnisse sind vorhanden:

3) Anzahl an Nachrichten mit Inhalt *„A comment for the entry was found in the language en-GB."*: 4
4) Anzahl an Nachrichten mit Inhalt *"No comment was found for this entry. Write a comment in the language en-GB."*: 5

Da die Anzahl an Einträgen gemäß Punkt 1) mit der Anzahl der Meldungen gemäß Punkt 3) sowie die Anzahl an Einträgen gemäß Punkt 2) mit der Anzahl der Meldungen gemäß Punkt 4) übereinstimmt, kann dieser Test insgesamt als *erfolgreich* gewertet werden.

Test für Funktion 7-CheckIfWithThreeElsIF:

Bei diesem Test für die Funktion „CheckIfWithThreeElsIF" wird bei Funktionsbausteinen überprüft, ob in SCL-Netzwerken eine „IF"-Anweisung mit mindestens 3 „ELSIF"-Pfaden vorhanden ist. Folgende Daten sind für diesen Test vorhanden:

1) Anzahl an „IF-ELSIF"-Strukturen mit mindestens 3 „ELSIF"-Pfaden: 3
2) Anzahl an „IF-ELSIF"-Strukturen mit höchstens 2 „ELSIF"-Pfaden: 1

Folgende Testergebnisse sind vorhanden:

3) Anzahl an Nachrichten mit Inhalt *"The If structure has at least three ELSIF paths. It should be considered to you use a CASE structure instead if only one variable or expression is used. Otherwise the number of ELSIF paths in the IF structure should be reduced to at least two ELSIF paths."*: 3

4) Anzahl an Nachrichten mit Inhalt *„The If structure has less than three ELSIF paths. Nothing has to be changed."*: 1

Da die Anzahl an „IF-ELSIF"-Strukturen gemäß Punkt 1) mit der Anzahl der Meldungen gemäß Punkt 3) sowie die Anzahl an „IF-ELSIF"-Strukturen gemäß Punkt 2) mit der Anzahl der Meldungen gemäß Punkt 4) übereinstimmt, kann dieser Test insgesamt als *erfolgreich* gewertet werden.

Test für Funktion 8-CheckCaseElsePath:

Bei diesem Test für die Funktion „CheckCaseElsePath" wird bei Funktionsbausteinen überprüft, ob in SCL-Netzwerken bei einer „CASE"-Struktur ein „ELSE"-Pfad vorhanden ist. Folgende Daten sind für diesen Test vorhanden:

1) Anzahl an „CASE"-Strukturen mit „ELSE"-Pfad: 2
2) Anzahl an „CASE"-Strukturen ohne „ELSE"-Pfad: 3

Folgende Testergebnisse sind vorhanden:

3) Anzahl an Nachrichten mit Inhalt *„The CASE structure has an ELSE path. Nothing has to be changed."*: 2

4) Anzahl an Nachrichten mit Inhalt *„The CASE structure has not an ELSE path. An ELSE path has to be added to the CASE structure."*: 3

Da die Anzahl an „CASE"-Strukturen gemäß Punkt 1) mit der Anzahl der Meldungen gemäß Punkt 3) sowie die Anzahl an „CASE"-Strukturen gemäß

Punkt 2) mit der Anzahl der Meldungen gemäß Punkt 4) übereinstimmt, kann dieser Test insgesamt als *erfolgreich* gewertet werden.

Test für Funktion 9-CheckFbOutputsMultipleTimesWritten:

Bei diesem Test für die Funktion „CheckFbOutputsMultipleTimesWritten“ wird bei Funktionsbausteinen überprüft, ob die Output-Variable eines Funktionsbausteins in SCL-, FBD- und LAD-Netzwerken mehr als einmal beschrieben wird. Folgende Daten sind für diesen Test vorhanden:

1) Anzahl an Output-Variablen, welche nur einmal beschrieben werden: 3
2) Anzahl an Output-Variablen, welche mindestens zweimal beschrieben werden: 4

Folgende Testergebnisse sind vorhanden:

3) Anzahl an Nachrichten mit Inhalt *„The output variable is written only once. Nothing has to be changed.“*: 3
4) Anzahl an Nachrichten mit Inhalt *„The output variable is written more than one time. This output variable should only be written once.“*: 4

Da die Anzahl an Output-Variablen gemäß Punkt 1) mit der Anzahl der Meldungen gemäß Punkt 3) sowie die Anzahl an Output-Variablen gemäß Punkt 2) mit der Anzahl der Meldungen gemäß Punkt 4) übereinstimmt, kann dieser Test insgesamt als *erfolgreich* gewertet werden.

Test für Funktion 10-CheckFbOutputsRead:

Bei diesem Test für die Funktion „CheckFbOutputsRead“ wird bei Funktionsbausteinen überprüft, ob die Output-Variable eines Funktionsbausteins in SCL-, FBD- und LAD-Netzwerken gelesen wird. Folgende Daten sind für diesen Test vorhanden:

1) Anzahl an Funktionsbausteinen, bei denen keine Output-Variablen im Programmcode gelesen werden: 4
2) Anzahl an Funktionsbausteinen, bei denen mindestens eine Output-Variable im Programmcode gelesen wird: 3

Folgende Testergebnisse sind vorhanden:

3) Anzahl an Nachrichten mit Inhalt *„No output variable is read in the function block. Nothing has to be changed.“*: 4
4) Anzahl an Nachrichten mit Inhalt *„At least one output variable is read in the function block. This has to be changed.“*: 3

Da die Anzahl an Funktionsbausteinen gemäß Punkt 1) mit der Anzahl der Meldungen gemäß Punkt 3) sowie die Anzahl an Funktionsbausteinen gemäß Punkt 2) mit der Anzahl der Meldungen gemäß Punkt 4) übereinstimmt, kann dieser Test insgesamt als *erfolgreich* gewertet werden.

Test für Funktion 11-CheckFbVersionHistoryEntry:

Bei diesem Test für die Funktion „CheckFbVersionHistoryEntry“ wird bei Funktionsbausteinen überprüft, ob der letzte Eintrag der Versionsgeschichte, welche sich im Blockkommentar befindet, mit dem Wert der Eigenschaft „Version“ übereinstimmt und für beide Werte das Format aus Abschnitt 3.3 nach Funktion 4 verwendet wird. Folgende Daten sind für diesen Test vorhanden:

1) Anzahl an Funktionsbausteinen, bei denen der Wert der Eigenschaft „Version“ mit dem letzten Eintrag der Versionsgeschichte übereinstimmt: 2
2) Anzahl an Funktionsbausteinen, bei denen der Wert der Eigenschaft „Version“ mit dem letzten Eintrag der Versionsgeschichte nicht übereinstimmt: 5

Folgende Testergebnisse sind vorhanden:

3) Anzahl an Nachrichten mit Inhalt „*The last entry of the version history equals value of property \"Version\" and both have a value.*“: 2
4) Anzahl an Nachrichten mit Inhalt “*The last entry of the version history equals not value of property \"Version\". This has to be changed.*”: 5

Da die Anzahl an Funktionsbausteinen gemäß Punkt 1) mit der Anzahl der Meldungen gemäß Punkt 3) sowie die Anzahl an Funktionsbausteinen gemäß Punkt 2) mit der Anzahl der Meldungen gemäß Punkt 4) übereinstimmt, kann dieser Test insgesamt als *erfolgreich* gewertet werden.

Test für Funktion 12-CheckFBInterfaceVariableUsed:

Bei diesem Test für die Funktion „CheckFBInterfaceVariableUsed“ wird bei Funktionsbausteinen überprüft, ob eine Interface-Variable eines Funktionsbausteins im Programmcode verwendet wird. Dabei werden nur SCL-, FBD- und LAD-Netzwerke untersucht. Folgende Daten sind für diesen Test vorhanden:

1) Anzahl an Interface-Variablen, welche auch im Code verwendet werden: 6
2) Anzahl an Interface-Variablen, welche nicht im Code verwendet werden: 5

Folgende Testergebnisse sind vorhanden:

3) Anzahl an Nachrichten mit Inhalt „*The interface variable is used in the code of the function block. Nothing has to be changed.*“: 6
4) Anzahl an Nachrichten mit Inhalt „*The interface variable is not used in the code of the function block. This has to be changed.*“: 5

Da die Anzahl an Interface-Variablen gemäß Punkt 1) mit der Anzahl der Meldungen gemäß Punkt 3) sowie die Anzahl an Interface-Variablen gemäß Punkt 2) mit der Anzahl der Meldungen gemäß Punkt 4) übereinstimmt, kann dieser Test insgesamt als *erfolgreich* gewertet werden.

Test für Funktion 13-CheckFBInterfaceStruct:

Bei diesem Test für die Funktion „CheckFBInterfaceStruct“ wird bei Funktionsbausteinen überprüft, ob eine Input-, eine Output-, oder eine InOut-Variable eines Funktionsbausteins den Datentyp „Struct“ hat. Folgende Daten sind für diesen Test vorhanden:

1) Anzahl an Input-, Output- und InOut-Variablen ohne Datentyp “Struct”: 12
2) Anzahl an Input-, Output- und InOut-Variablen mit Datentyp “Struct”: 5

Folgende Testergebnisse sind vorhanden:

3) Anzahl an Nachrichten mit Inhalt *“The variable has not the datatype struct. Nothing has to be changed.”*: 12
4) Anzahl an Nachrichten mit Inhalt *“The variable has the datatype struct. A Plc datatype has to be used instead.”*: 5

Da die Anzahl an Input-, Output- und InOut-Variablen gemäß Punkt 1) mit der Anzahl der Meldungen gemäß Punkt 3) sowie die Anzahl an Input-, Output- und InOut-Variablen gemäß Punkt 2) mit der Anzahl der Meldungen gemäß Punkt 4) übereinstimmt, kann dieser Test insgesamt als *erfolgreich* gewertet werden.

Test für Funktion 14-CheckFbInterfaceVariableSetInIDB:

Bei diesem Test für die Funktion „CheckFbInterfaceVariableSetInIDB“ wird bei Funktionsbausteinen überprüft, ob die Eigenschaft „Remanence“ einer

Interface-Variable den Wert „Set in IDB“ hat. Folgende Daten sind für diesen Test vorhanden:

1) Anzahl an Interface-Variablen ohne den Wert „Set in IDB“ für die Eigenschaft „Remanence“: 14
2) Anzahl an Interface-Variablen mit dem Wert „Set in IDB“ für die Eigenschaft „Remanence“: 10

Folgende Testergebnisse sind vorhanden:

3) Anzahl an Nachrichten mit Inhalt *„The remanence of the variable has not the value 'Set in IDB'. Nothing has to be changed.“*: 14
4) Anzahl an Nachrichten mit Inhalt *„The remanence of the variable has the value 'Set in IDB'. This has to be changed.“*: 10

Da die Anzahl an Interface-Variablen gemäß Punkt 1) mit der Anzahl der Meldungen gemäß Punkt 3) sowie die Anzahl an Interface-Variablen gemäß Punkt 2) mit der Anzahl der Meldungen gemäß Punkt 4) übereinstimmt, kann dieser Test insgesamt als *erfolgreich* gewertet werden.

Test für Funktion 15-CheckSCLForIterationVariableDInt:

Bei diesem Test für die Funktion „CheckSCLForIterationVariableDInt“ wird bei Funktionsbausteinen überprüft, ob bei SCL-Netzwerken bei einer „FOR“-Schleife die Iterationsvariable den Datentyp „DInt“ hat. Folgende Daten sind für diesen Test vorhanden:

1) Anzahl an „FOR“-Schleifen mit dem Datentyp „DInt“ für die Iterationsvariable: 3
2) Anzahl an „FOR“-Schleifen ohne den Datentyp „DInt“ für die Iterationsvariable: 2

Folgende Testergebnisse sind vorhanden:

3) Anzahl an Nachrichten mit Inhalt *„The iteration variable has the datatype 'DInt'. Nothing has to be changed.“*: 3
4) Anzahl an Nachrichten mit Inhalt *„The iteration variable has not the datatype 'DInt'. This has to be changed.“*: 2

Da die Anzahl an „FOR“-Schleifen gemäß Punkt 1) mit der Anzahl der Meldungen gemäß Punkt 3) sowie die Anzahl an „FOR“-Schleifen gemäß Punkt 2) mit der Anzahl der Meldungen gemäß Punkt 4) übereinstimmt, kann dieser Test insgesamt als *erfolgreich* gewertet werden.

Test für Funktion 16-CheckEdgeIfElseStructure:

Bei diesem Test für die Funktion „CheckEdgeIfElseStructure“ wird bei Funktionsbausteinen überprüft, ob bei SCL-Netzwerken eine „IF-ELSE“-Struktur zur Detektion einer steigenden bzw. fallenden Flanke verwendet wird. Der SCL-Code kann aus Abbildung 2 entnommen werden. Folgende Daten sind für diesen Test vorhanden:

1) Anzahl an Funktionsbausteinen mit mindestens einer „IF/ELSE“-Struktur für die Flankenerkennung zur Detektion einer steigenden oder fallenden Flanke: 2
2) Anzahl an Funktionsbausteinen ohne „IF/ELSE“-Strukturen für die Flankenerkennung zur Detektion einer steigenden oder fallenden Flanke: 5

Folgende Testergebnisse sind vorhanden:

3) Anzahl an Nachrichten mit Inhalt *„An 'IF/ELSE'-structure for edge dection was found. Use binary operations instead.“*: 2
4) Anzahl an Nachrichten mit Inhalt Anzahl Nachrichten *„No 'IF/ELSE'-structure for edge dection was found. Nothing has to be changed.“*: 5

Da die Anzahl an Funktionsbausteinen gemäß Punkt 1) mit der Anzahl der Meldungen gemäß Punkt 3) sowie die Anzahl an Funktionsbausteinen gemäß Punkt 2) mit der Anzahl der Meldungen gemäß Punkt 4) übereinstimmt, kann dieser Test insgesamt als *erfolgreich* gewertet werden.

Test für Funktion 17-CheckFbForCommands:

Bei diesem Test für die Funktion „CheckFbForCommands" wird bei Funktionsbausteinen überprüft, ob die Befehle "GetSymbolName", "GetSymbolPath", "GetInstanceName" und "GetInstancePath" in SCL-, FBD- und LAD-Netzwerken verwendet werden. Folgende Daten sind für diesen Test vorhanden:

1) Anzahl an Funktionsbausteinen, bei denen keine der Funktionen "GetSymbolName", "GetSymbolPath", "GetInstanceName" und "GetInstancePath" verwendet werden: 4
2) Anzahl an Funktionsbausteinen, bei denen mindestens einer der Funktionen "GetSymbolName", "GetSymbolPath", "GetInstanceName" und "GetInstancePath" mindestens einmal verwendet wird: 3

Folgende Testergebnisse sind vorhanden:

3) Anzahl an Nachrichten mit Inhalt *"None of the functions \"GetSymbolName\", \"GetSymbolPath\", \"GetInstanceName\" and \"GetInstancePath\" was found. Nothing has to be changed."*: 4
4) Anzahl an Nachrichten mit Inhalt *„At least one of the functions \"GetSymbolName\", \"GetSymbolPath\", \"GetInstanceName\" and \"GetInstancePath\" is used one time in the function block. Their calls have to be removed.“*: 3

Da die Anzahl an Funktionsbausteinen gemäß Punkt 1) mit der Anzahl der Meldungen gemäß Punkt 3) sowie die Anzahl an Funktionsbausteinen gemäß

Punkt 2) mit der Anzahl der Meldungen gemäß Punkt 4) übereinstimmt, kann dieser Test insgesamt als *erfolgreich* gewertet werden.

<u>Test für Funktion 18-CheckFbForSystemFunctions:</u>

Bei diesem Test für die Funktion „CheckFbForSystemFunctions“ wird bei Funktionsbausteinen überprüft, ob die Systembefehle "WRITE_DBL", "READ_DBL", "FileRead" und "FileWrite" in SCL-, FBD- und LAD-Netzwerken verwendet werden. Folgende Daten sind für diesen Test vorhanden:

1) Anzahl an Funktionsbausteinen, bei denen keine der Systemfunktionen "WRITE_DBL", "READ_DBL", "FileRead" und "FileWrite" verwendet werden: 4
2) Anzahl an Funktionsbausteinen, bei denen mindestens einer der Systemfunktionen "WRITE_DBL", "READ_DBL", "FileRead" und "FileWrite" mindestens einmal verwendet wird: 3

Folgende Testergebnisse sind vorhanden:

3) Anzahl an Nachrichten mit Inhalt *„None of the functions \"WRITE_DBL\", \"READ_DBL\", \"FileRead\" und \"FileWrite\" was found. Nothing has to be changed.“*: 4
4) Anzahl an Nachrichten mit Inhalt *„At least one of the functions \"WRITE_DBL\", \"READ_DBL\", \"FileRead\" und \"FileWrite\" is used one time in the function block. Their calls have to be removed.“*: 3

Da die Anzahl an Funktionsbausteinen gemäß Punkt 1) mit der Anzahl der Meldungen gemäß Punkt 3) sowie die Anzahl an Funktionsbausteinen gemäß Punkt 2) mit der Anzahl der Meldungen gemäß Punkt 4) übereinstimmt, kann dieser Test insgesamt als *erfolgreich* gewertet werden.

Test für Funktion 19- ExtractKeyFigures:

Bei diesem Test für die Funktion „ExtractKeyFigures“ werden Kennzahlen für Funktionsbausteine bestimmt. Die einzelnen Kennzahlen werden in Abschnitt 3.3 unter Funktion 19 beschrieben. Diese Kennzahlen können in Kennzahlen für Codezeilen und Kennzahlen für Netzwerke aufgeteilt werden. Tabelle 8 zeigt die Testergebnisse für die Codezeilen-Kennzahlen und die Netzwerk-Kennzahlen mit der Spalte „Name des Funktionsblocks“ für den Namen des Funktionsbausteins, der Spalte „Name der Kennzahl“ für den Namen der Kennzahl, der Spalte „erwarteter Wert“ für den erwarteten Wert der Kennzahl, der Spalte „aktueller Wert“ für den aktuellen Wert der Kennzahl und der Spalte „Bemerkung“ für eine detaillierte Beschreibung des Testergebnisses.

Name des Funktionsblocks	Name der Kennzahl	erwarteter Wert	aktueller Wert	Bemerkung
Block_1	Anzahl Codezeilen SCL // FBD // LAD // STL	7 // 0 // 0 // 0	7 // 0 // 0 // 0	LAD-Netzwerk enthält keine Blöcke bzw. Aufrufe
	Anzahl Codezeilen gesamt	7	7	-
	Anzahl Netzwerke SCL // FBD // LAD // STL	2 // 0 // 1 // 0	2 // 0 // 1 // 0	-
	Anzahl Netzwerke gesamt	3	3	-
Block_1_STL	Anzahl Codezeilen SCL // FBD // LAD // STL	0 // 0 // 0 // 6	0 // 0 // 0 // 6	-
	Anzahl Codezeilen gesamt	6	6	-
	Anzahl Netzwerke SCL // FBD // LAD // STL	0 // 0 // 0 // 3	0 // 0 // 0 // 3	nur STL-Netzwerke vorhanden
	Anzahl Netzwerke gesamt	3	3	nur STL-Netzwerke vorhanden
Block_2	Anzahl Codezeilen SCL // FBD // LAD // STL	88 // 0 // 0 // 0	88 // 0 // 0 // 0	nur ein SCL-Netzwerk vorhanden
	Anzahl Codezeilen gesamt	88	88	-
	Anzahl Netzwerke SCL // FBD // LAD // STL	1 // 0 // 0 // 0	1 // 0 // 0 // 0	nur ein SCL-Netzwerk vorhanden
	Anzahl Netzwerke gesamt	1	1	
Block_2_STL	Anzahl Codezeilen SCL // FBD // LAD // STL	0 // 0 // 0 // 3	0 // 0 // 0 // 3	nur ein STL-Netzwerk vorhanden
	Anzahl Codezeilen gesamt	3	3	-
	Anzahl Netzwerke SCL // FBD // LAD // STL	0 // 0 // 0 // 1	0 // 0 // 0 // 1	nur ein STL-Netzwerk vorhanden
	Anzahl Netzwerke gesamt	1	1	-
Block_3	Anzahl Codezeilen SCL // FBD // LAD // STL	30 // 11 // 0 // 2	30 // 11 // 0 // 2	-
	Anzahl Codezeilen gesamt	43	43	-
	Anzahl Netzwerke SCL // FBD // LAD // STL	1 // 3 // 0 // 1	1 // 3 // 0 // 1	-
	Anzahl Netzwerke gesamt	5	5	-
Block_3_STL	Anzahl Codezeilen SCL // FBD // LAD // STL	0 // 0 // 0 // 5	0 // 0 // 0 // 5	nur STL-Netzwerke vorhanden
	Anzahl Codezeilen gesamt	5	5	-
	Anzahl Netzwerke SCL // FBD // LAD // STL	0 // 0 // 0 // 2	0 // 0 // 0 // 2	nur STL-Netzwerke vorhanden
	Anzahl Netzwerke gesamt	2	2	-
Block_4	Anzahl Codezeilen SCL // FBD // LAD // STL	50 // 0 // 15 // 2	50 // 0 // 15 // 2	-
	Anzahl Codezeilen gesamt	67	67	-
	Anzahl Netzwerke SCL // FBD // LAD // STL	2 // 0 // 2 // 1	2 // 0 // 2 // 1	-
	Anzahl Netzwerke gesamt	5	5	-

Tabelle 8: Testergebnisse für die Codezeilen-Kennzahlen und Netzwerk-Kennzahlen

Da die Werte der Spalte mit dem Namen „erwarteter Wert" mit den Werten der Spalte namens „aktueller Wert" übereinstimmen, kann dieser Test insgesamt als *erfolgreich* gewertet werden.

4.2 Testergebnisse der Durchläufe

In diesem Abschnitt werden die Ergebnisse von Durchläufen vorgestellt. Mit diesen Durchläufen wird überprüft, ob am Ende des Durchlaufs die Testergebnisse im Testreport vorhanden sind.

4.2.1 Durchlauf 1: Automatisierter Ablauf für die statische Codeanalyse

Beim Durchlauf 1 wurde mit dem automatisierten Ablauf nur die statische Codeanalyse durchgeführt, da zu diesem Zeitpunkt die Logik für den Applikationstest noch nicht implementiert war. Für alle in der Konfigurationsdatei angegebenen Softwaremodule, alle im TIA Portal Projekt vorhandenen PLC-Variablentabellen und alle im TIA Portal Projekt vorhandenen PLC-Datentypen wurden jeweils die Regelsätze und die Funktionen der SimaticML-Dokumentenanalyse ausgeführt. Diese Testobjekte stammen von dem PLC-Gerät „Fxxx - CoCTC+ULC_V014" der Projektbibliothek „CoCTC+ULC", wobei alle vorhandenen Einträge der Konfigurationsdatei, welche zu diesem Zeitpunkt vorhanden waren, verwendet wurden. Die Ausführung der Tests dauerte mindestens 1 h 21 min. Es kann nur eine Mindestdauer angegeben werden, da im Testreport nicht die Ergebnismeldungen mit dem Zustand „WAHR" erfasst werden. Tabelle 9 stellt einen Teil der ausgeführten Tests dar und enthält den Namen des Testobjekts in der Spalte „Block" und den Namen des Regelsatzes in der Spalte „Rule set" und stellt einen Teil der vorhandenen Einträge der Konfigurationsdatei für das PLC-Gerät „Fxxx - CoCTC+ULC_V014" der Projektbibliothek „CoCTC+ULC" dar. Die vollständige Tabelle mit den in Durchlauf 1 ausgeführten Tests wird in Kapitel 12 vorgestellt.

Block	Rule set
FB_1400_ConvMulti	Comment_Codeblock_IO
FB_1400_ConvMulti	Comment_Codeblock_Variables
FB_1400_ConvMulti	TGW_Module_Guidelines
FB_1700_Conv1PlKdrTrac	Comment_Codeblock_IO
FB_1700_Conv1PlKdrTrac	Comment_Codeblock_Variables
FB_1700_Conv1PlKdrTrac	TGW_Module_Guidelines
All PLCTagTables	Comment_PLCTagTable
All PLCDataTypes	Comment_PLCDatatype

Tabelle 9: Auszug der in Durchlauf 1 ausgeführten Tests

Tabelle 10 zeigt die Anzahl der Ergebnismeldungen mit Ergebniszustand „FALSCH“, die Anzahl der Ergebnismeldungen mit Ergebniszustand „leer“ und die Gesamtanzahl an Ergebnismeldungen jeweils in absoluten und relativen Zahlen.

	Ergebniszustand		
	FALSCH	leer	gesamt
absolut	49648	5712	55360
relativ (%)	89,68	10,32	100

Tabelle 10: Angabe für die Ergebnismeldungen mit Zustand "FALSCH" bzw. "leer" und Gesamtanzahl an Ergebnismeldungen in absoluten und relativen Zahlen für Durchlauf 1

Abbildung 25, welche auf den Daten der Tabelle 10 basiert, stellt die Ergebnisse mit Zustand „FALSCH“ in der Farbe Rot und die Ergebnisse mit Zustand „leer“ in der Farbe Blau jeweils in Prozent dar.

Abbildung 25: 3D-Kreisdiagramm für Ergebnismeldungen mit Zustand "FALSCH" (rot) bzw. "leer" (blau) in Prozent für Durchlauf 1

Es hatten 89,68 % der Ergebnismeldungen den Zustand „Falsch“ und 10,32 Prozent der Ergebnismeldungen hatten den Zustand „leer“, wie aus Tabelle 10 entnommen werden kann.

4.2.2 Durchlauf 2: Manueller Ablauf mit der Auswahl eines TIA Portal Projekts aus dem Datei-Explorer für die statische Codeanalyse

Bei Durchlauf 2 wurde der manuelle Ablauf mit der Auswahl eines TIA Portal Projekts aus dem Datei-Explorer ausgeführt. Es wurde nur die statische Codeanalyse ausgeführt. Das Testobjekt stammt vom PLC-Gerät „Fxxx - CoCTC+ULC_V014“ der Projektbibliothek „CoCTC+ULC“. Die Ausführung der Tests dauerte mindestens 59 s. Es kann nur eine Mindestdauer angegeben werden, da im Testreport nicht die Ergebnismeldungen mit dem Zustand „WAHR“ erfasst werden. Tabelle 11 enthält den Namen des Testobjekts in der Spalte „Block“ und den Namen des Regelsatzes in der Spalte „Rule set“.

Block	Rule set
FB_1950_XAxisLze	Comment_Codeblock_IO
FB_1950_XAxisLze	Comment_Codeblock_Variables
FB_1950_XAxisLze	TGW_Module_Guidelines

Tabelle 11: in Durchlauf 2 ausgeführte Tests

Tabelle 12 zeigt die Anzahl der Ergebnismeldungen mit Ergebniszustand „FALSCH", die Anzahl der Ergebnismeldungen mit Ergebniszustand „leer" und die Gesamtanzahl an Ergebnismeldungen jeweils in absoluten und relativen Zahlen.

	Ergebniszustand		
	FALSCH	leer	gesamt
absolut	183	61	244
relativ (%)	75	25	100

Tabelle 12: Angabe für die Ergebnismeldungen mit Zustand "FALSCH" bzw. "leer" und Gesamtanzahl an Ergebnismeldungen in absoluten und relativen Zahlen für Durchlauf 2

Abbildung 26, welche auf den Daten der Tabelle 12 basiert, stellt die Ergebnisse mit Zustand „FALSCH“ in der Farbe Rot und die Ergebnisse mit Zustand „leer“ in der Farbe Blau jeweils in Prozent dar.

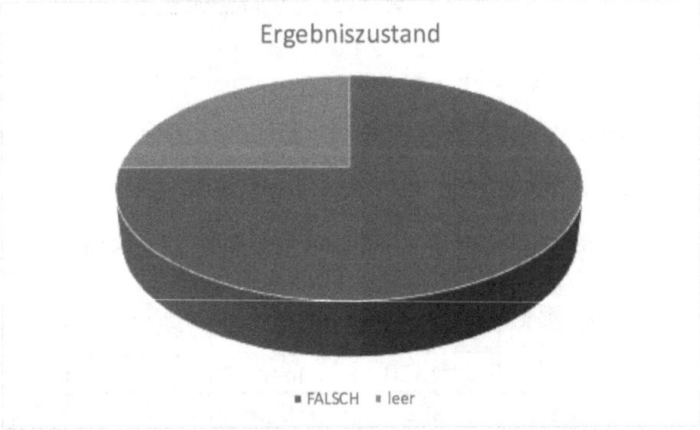

Abbildung 26: 3D-Kreisdiagramm für Ergebnismeldungen mit Zustand "FALSCH" (rot) bzw. "leer" (blau) in Prozent für Durchlauf 2

Es hatten 75 % der Ergebnismeldungen den Zustand „Falsch“ und 25 Prozent der Ergebnismeldungen hatten den Zustand „leer“, wie aus Tabelle 12 entnommen werden kann.

4.2.3 Durchlauf 3: Manueller Ablauf mit dem Auschecken eines TIA Portal Projekts aus octoplant für die statische Codeanalyse

Bei Durchlauf 3 wurde der manuelle Ablauf mit dem Auschecken eines TIA Portal Projekts aus octoplant ausgeführt. Es wurde nur die statische Codeanalyse ausgeführt. Das Testobjekt stammt vom PLC-Gerät „Fxxx - CoCTC+ULC_V014“ der Projektbibliothek „CoCTC+ULC“. Die Ausführung der Tests dauerte mindestens 3 h 56 min, wobei bei dieser Zeitangabe berücksichtigt werden muss, dass die Ausführung des Prozesses zwischendurch pausiert wurde. Es kann nur eine Mindestdauer angegeben werden, da im Testreport nicht die Ergebnismeldungen mit dem Zustand

„WAHR“ erfasst werden. Tabelle 13 enthält den Namen des Testobjekts in der Spalte „Block“ und den Namen des Regelsatzes in der Spalte „Rule set“.

Block	**Rule set**
FB_1683_PDSK_4D	Comment_Codeblock_IO
FB_1683_PDSK_4D	Comment_Codeblock_Variables
FB_1683_PDSK_4D	TGW_Module_Guidelines

Tabelle 13: in Durchlauf 3 ausgeführte Tests

Tabelle 14 zeigt die Anzahl der Ergebnismeldungen mit Ergebniszustand „FALSCH“, die Anzahl der Ergebnismeldungen mit Ergebniszustand „leer“ und die Gesamtanzahl an Ergebnismeldungen jeweils in absoluten und relativen Zahlen.

	Ergebniszustand		
	FALSCH	leer	gesamt
absolut	255	61	316
relativ (%)	80,7	19,3	100

Tabelle 14: Angabe für die Ergebnismeldungen mit Zustand "FALSCH" bzw. "leer" und Gesamtanzahl an Ergebnismeldungen in absoluten und relativen Zahlen für Durchlauf 3

Abbildung 27, welche auf den Daten der Tabelle 14 basiert, stellt die Ergebnisse mit Zustand „FALSCH“ in der Farbe Rot und die Ergebnisse mit Zustand „leer“ in der Farbe Blau jeweils in Prozent dar.

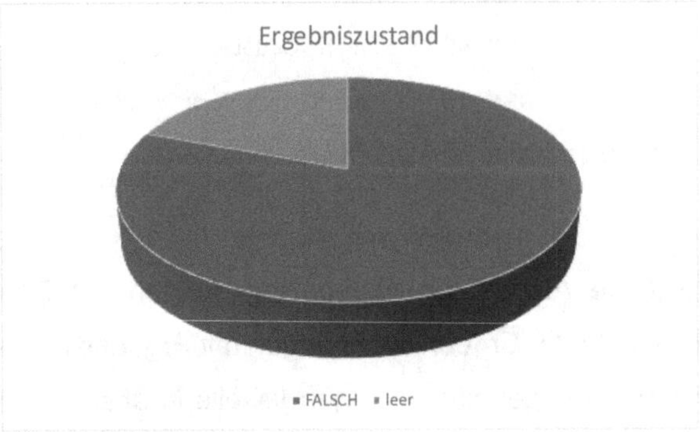

Abbildung 27: 3D-Kreisdiagramm für Ergebnismeldungen mit Zustand "FALSCH" (rot) bzw. "leer" (blau) in Prozent für Durchlauf 3

Es hatten 80,7 % der Ergebnismeldungen den Zustand „Falsch“ und 19,3 Prozent der Ergebnismeldungen hatten den Zustand „leer“, wie aus Tabelle 14 entnommen werden kann.

4.2.4 Durchlauf 4: Manueller Ablauf mit der Auswahl eines TIA Portal Projekts aus dem Datei-Explorer für den Applikationstest

Bei Durchlauf 4 wurde der manuelle Ablauf mit der Auswahl eines TIA Portal Projekts aus dem Datei-Explorer ausgeführt. Es wurden nur Testfälle ausgeführt. Das Testobjekt stammt vom PLC-Gerät „Fxxx - CoCTC+ULC_V014“ der Projektvorlage „CoCTC+ULC_Target“. Die Ausführung der Tests dauerte mindestens 11 s. Es kann nur eine Mindestdauer angegeben werden, da im Testreport nicht die Ergebnismeldungen mit dem Zustand „WAHR“ erfasst werden. Tabelle 15 enthält den Namen des Testobjekts in der Spalte „Block“ und den Namen des Regelsatzes in der Spalte „Rule set“.

Block	Rule set
FB_1400_ConvMulti	Error_Test
FB_1700_Conv1PlKdrTrac	Error_Test
FB_2600_ConvMultiAIR	Error_Test
FB_2650_AccConvAIR	Error_Test

Tabelle 15: in Durchlauf 4 ausgeführte Tests

Tabelle 16 zeigt die Anzahl der Ergebnismeldungen mit Ergebniszustand „FALSCH“, die Anzahl der Ergebnismeldungen mit Ergebniszustand „leer“ und die Gesamtanzahl an Ergebnismeldungen jeweils in absoluten und relativen Zahlen.

	Ergebniszustand		
	FALSCH	leer	gesamt
absolut	3	569	572
relativ (%)	0,52	99,48	100

Tabelle 16: Angabe für die Ergebnismeldungen mit Zustand "FALSCH" bzw. "leer" und Gesamtanzahl an Ergebnismeldungen in absoluten und relativen Zahlen für Durchlauf 4

Abbildung 28, welche auf den Daten der Tabelle 16 basiert, stellt die Ergebnisse mit Zustand „FALSCH" in der Farbe Rot und die Ergebnisse mit Zustand „leer" in der Farbe Blau jeweils in Prozent dar.

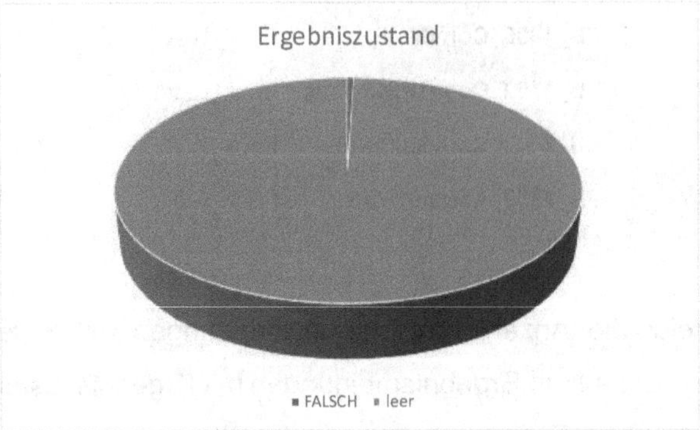

Abbildung 28: 3D-Kreisdiagramm für Ergebnismeldungen mit Zustand "FALSCH" (rot) bzw. "leer" (blau) in Prozent für Durchlauf 4

Es hatten 0,52 % der Ergebnismeldungen den Zustand „Falsch" und 99,48 Prozent der Ergebnismeldungen hatten den Zustand „leer", wie aus Tabelle 16 entnommen werden kann.

5 EVALUIERUNG DER ANFORDERUNGEN UND DER TESTERGEBNISSE DER DURCHLÄUFE

5.1 EVALUIERUNG DER ANFORDERUNGEN

Es wird die Erfüllung der Anforderungen, welche in Abschnitt 3.1 definiert werden, bewertet.

5.1.1 EVALUIERUNG DER ANFORDERUNGEN FÜR DEN STYLEGUIDE

Anforderung 1 wird mit den Regelsätzen „Comment_Codeblock_IO" und „Comment_Codeblock_Variables" erfüllt. Die Anforderungen 2-3 werden mit dem Regelsatz „TGW_Module_Guidelines" erfüllt. Anforderung 4 wird durch den Regelsatz „Comment_PLCTagTable" erfüllt. Anforderung 5 wird durch den Regelsatz „Comment_PLCDatatype" erfüllt. Es gilt, dass die Regelsätze entsprechende Regeln beinhalten, welche den Anforderungen entsprechen.

5.1.2 EVALUIERUNG DER ANFORDERUNGEN FÜR DEN APPLIKATIONSTEST

Die Anforderungen 1-2 werden durch den Testfall „Error_Test" erfüllt, da dieser Testfall die entsprechenden Testschritte enthält. Anforderung 3 wird mit einem Ablauf erfüllt, welcher in Abschnitt 3.11.2 erklärt wird.

5.1.3 EVALUIERUNG DER ANFORDERUNGEN FÜR DIE SIMATICML-DOKUMENTENANALYSE

Die Anforderungen 1-19 werden durch die Funktionen 1-19 erfüllt, wobei eine Anforderung dieselbe Nummer wie die zugehörige Funktion hat. Die Testergebnisse zur Überprüfung der Funktionen der SimaticML-Dokumentenanalyse werden in Abschnitt 4.1.2 erläutert.

5.1.4 Evaluierung der Anforderungen für den Prozess

Anforderung 1 wird dadurch erfüllt, dass es eine eigene Anzeige für Log-Nachrichten gibt und diese Fehlermeldungen in der Farbe Rot und im Klartext dargestellt werden. Anforderung 2 wird erfüllt, da ein Testreport, bei dem die Daten nach Excel importiert werden können, im Dateiformat „xml" vom Testmanagement-Framework bereitgestellt wird. Anforderung 3 wird mit dem automatisierten Ablauf des Testmanagement-Frameworks erfüllt. Mit einem Befehl für das automatisierte Auschecken eines TIA Portal Projekts aus octoplant wird Anforderung 4 erfüllt. Durch die manuellen Abläufe für die Auswahl eines TIA Portal Projekts aus dem Datei-Manager bzw. für das Auschecken eines TIA Portal Projekts aus octoplant wird Anforderung 5 erfüllt. Anforderung 6 wird erfüllt, da es entsprechende Arbeitsblätter in der Konfigurationsdatei gibt, welche Informationen zu den Regelsätzen, zu dem Testfall und zu den Funktionen der SimaticML-Dokumentenanalyse beinhalten.

5.2 Evaluierung der Testergebnisse der Durchläufe

Es werden die Testergebnisse der Durchläufe aus Abschnitt 4.2 evaluiert. Da von den Durchläufen 1-4 Testergebnisse vorhanden sind, konnten diese Durchläufe erfolgreich ausgeführt werden. Die Reihenfolge der Spalten beim Testreport stimmt nicht mit der Reihenfolge der Spalten bei der Anzeige für die Testergebnisse überein. Bei der Anzeige für die Testergebnisse hat Spalte 1 den Namen „Name", Spalte 2 den Namen „Go to", Spalte 3 den Namen „Message", Spalte 4 den Namen „Handling", Spalte 5 den Namen „Result state", Spalte 6 den Namen „Test name", Spalte 7 den Namen „Message type" und Spalte 8 den Namen „Date and time". Dies ist die vorgesehene Reihenfolge der Spalten. Beim Testreport hat Spalte 1 den Namen „Name", Spalte 2 hat den Namen „Go_x0020_to", Spalte 3 hat den Namen „Message", Spalte 4 hat den Namen „Handling", Spalte 5 hat den Namen

„Test_x0020_name", Spalte 6 hat den Namen „Message_x0020_type", Spalte 7 hat den Namen „Date_x0020_and_x0020_time" und Spalte 8 hat den Namen „Result_x0020_state". Beim Testreport muss Spalte 5 den Namen von Spalte 8 erhalten, Spalte 6 muss den Namen von Spalte 5 erhalten, Spalte 7 muss den Namen von Spalte 6 erhalten und Spalte 8 muss den Namen von Spalte 7 erhalten. Außerdem muss beim Testreport der Spaltenname „Go_x0020_to" in „Go to", der Spaltenname „Test_x0020_name" in „Test name", der Spaltenname „Message_x0020_type" in „Message type", der Spaltenname „Date_x0020_and_x0020_time" in „Date and time" und der Spaltenname „Result_x0020_state" in „Result state" geändert werden. Wenn mehrere Regelsätze ausgeführt werden, dann wird nur der Name des ersten Regelsatzes im Testreport erfasst. Dies muss so angepasst werden, dass alle Namen der Regelsätze erfasst werden.

6 Zusammenfassung und Ausblick

Zuerst wurden Gründe für das Testen von SPS-Programmen wie die Verhinderung von Schäden an der Hardware, wobei diese Schäden durch einen einzigen Softwarefehler verursacht werden können, dargelegt. Im nächsten Schritt wurde die Problemstellung der vorliegenden Arbeit erklärt, die fehlenden Funktionen der Softwareprodukte des Unternehmens „Siemens AG“ benannt und ein Lösungsansatz für diese Problemstellung vorgestellt.

Es wurden Grundbegriffe wie Softwaremodule oder SimaticML-Dokumentenanalyse erklärt, da diese für das Verständnis der Arbeit benötigt werden. Im nächsten Schritt wurde der Software-Toolbestand dargelegt, welcher die Basis für das Testmanagement-Framework bildet und Softwareprodukte wie TIA Portal oder PLCSIM Advanced beinhaltet. Im Anschluss wurde der Stand der Technik beschrieben, indem der Ansatz für das Testmanagement-Framework mit anderen Ansätzen aus der Fachliteratur verglichen wurde.

Zu Beginn wurden die Anforderungen des Testmanagement-Frameworks definiert und verschiedenen Kategorien wie „Styleguide“ oder „SimaticML-Dokumentenanalyse“ zugeordnet. Im nächsten Schritt wurden die Regeln der verwendeten Regelsätze, die Funktionen der SimaticML-Dokumentenanalyse und die Testschritte des verwendeten Testfalls vorgestellt. Dann wurden die Arbeitsblätter der Konfigurationsdatei präsentiert, welche die Testdefinitionen und zusätzliche Informationen enthalten. Ein Klassendiagramm des Testmanagement-Frameworks, welches einen Teil der verwendeten Klassen beinhaltet, stellt diese Klassen und deren Beziehungen untereinander dar und zeigt die Verwendung des MVP-Patterns. Es wurden Entscheidungen in Bezug auf die Realisierung des Testmanagement-Frameworks wie die Entwicklung einer eigenständigen Applikation statt einem TIA Portal Add-In aufgezeigt. Im Anschluss wurden die manuellen Abläufe für die Auswahl eines TIA Portal

Projekts aus dem Datei-Explorer bzw. für das automatisierte Auschecken eines TIA Portal Projekts aus octoplant mit Ablaufdiagrammen dargestellt. Des Weiteren wurden für den manuellen Ablauf die Steuerelemente der grafischen Benutzeroberfläche wie die Anzeige für die Testergebnisse oder die Anzeige für die Log-Nachrichten beschrieben. So wurde auch der automatisierte Ablauf des Testmanagement-Frameworks mit einem Ablaufdiagramm veranschaulicht und die Elemente der grafischen Benutzeroberfläche wie ein Bild mit einem Bezug zum Thema „Warten" vorgestellt. Zum Schluss wurden die Abläufe für die Ausführung einer statischen Codeanalyse bzw. für die Ausführung eines Testfalls erläutert. Zuerst wurde der Ablauf für die statische Codeanalyse mit einem Ablaufdiagramm illustriert. Dann wurde beim Ablauf für die Ausführung eines Testfalls zuerst die Projektvorlage vorgestellt und im Anschluss der Ablauf mit einem Ablaufdiagramm verdeutlicht.

Die Testergebnisse für die Überprüfung der Funktionen der SimaticML-Dokumentenanalyse wurden erläutert. Es wurden zuerst die Testobjekte genannt und im Anschluss wurden die Testergebnisse für jede Funktion der SimaticML-Dokumentenanalyse vorgestellt. Des Weiteren wurden die Testergebnisse der Durchläufe erklärt. Mit den Durchläufen wurden die Abläufe des Testmanagement-Frameworks überprüft. Dabei wurde festgestellt, ob am Ende eines Durchlaufs Testergebnisse vorhanden waren. Je Durchlauf wurden die ausgewählten Tests in einer Tabelle dargestellt und die Anzahl an Ergebnismeldungen mit Zustand „FALSCH" bzw. „leer" wurden in einer Tabelle bzw. in einem Kreisdiagramm dargestellt.

Die Erfüllung der Anforderungen des Testmanagement-Frameworks wurde evaluiert. Es wurde dabei angegeben, durch was die jeweilige Anforderung erfüllt wurde. Des Weiteren wurden die Testergebnisse der Durchläufe bewertet. Es wurden Änderungen wie das Anpassen der Spaltenreihenfolge des Testreports an die Spaltenreihenfolge der Anzeige für die Testergebnisse oder die Übereinstimmung der Spaltennamen beim Testreport mit den Spaltennamen bei der Anzeige für die Testergebnisse vorgeschlagen.

In der Zukunft soll der automatisierte Ablauf des Testmanagement-Frameworks aktiv werden, wenn ein neues TIA Portal Projekt in den octoplant Server eingecheckt wird. octoplant bietet die Möglichkeit mit Skripten zu arbeiten, welche vor oder nach einem Event automatisiert ausgeführt werden. Dadurch können weitere Funktionen zu einem bestehenden System hinzugefügt werden [vgl. octoplant-Skripte, 2024]. Diese Skripte sind also an ein Event gekoppelt, wobei eine Aktion in der Software die Ausführung des Skripts startet. Die Events werden in Client-Events und Server-Events unterteilt. Es würde das Event, welches nach dem Einchecken eines TIA Portal Projekts auf den octoplant Server aktiv wird, ausgewählt werden [vgl. octoplant-Events, 2024]. Für dieses Event könnte ein Skript hinterlegt werden, welches automatisiert eine E-Mail an einen bestehenden Benutzeraccount sendet [vgl. octoplant-AfterCheckInS, 2024]. In dieser E-Mail könnte der relative Pfad des eingecheckten TIA Portal Projekts angegeben werden, wobei diese Information aus der Initialisierungsdatei namens „Interface file" stammt. Die Initialisierungsdatei wird erstellt, wenn ein Event ausgeführt wird, welches eine entsprechende Skriptschnittstelle hat [vgl. octoplant-Initialisierungsdatei, 2024]. Das Testmanagement-Framework befindet sich zusammen mit der Softwareapplikation „TSG4T", die benötigten Softwareprodukte aus Abschnitt 2.2 und die dafür benötigten Lizenzen auf einer Morpheus VM, welche ein entsprechendes Postfach für den Empfang der E-Mail benötigt. Daraufhin wird nach Erhalt der E-Mail ereignisgesteuert eine Batch-Datei gestartet, welche das Testmanagement-Framework aktiviert. Dabei muss der Parameter für die Angabe des relativen Pfades dem Testmanagement-Framework übergeben werden, um das TIA Portal Projekt aus octoplant automatisiert auschecken zu können.

Des Weiteren wurde das Testmanagement-Framework in einem separaten Branch der Softwareapplikation „TSG4T“ integriert, welcher noch mit dem Hauptbranch der Softwareapplikation „TSG4T“ zusammengeführt werden muss. Es soll zusätzlich einen eigenen Button in der grafischen Benutzeroberfläche der Softwareapplikation „TSG4T“ geben, damit das Testmanagement-Framework gestartet werden kann. Diese Software soll nur SPS-Programmierern und SPS-Programmiererinnen angezeigt werden, welche durch eine Remotedesktopverbindung mit der VM arbeiten. Bezüglich des Testreports sollten die Änderungsvorschläge aus Abschnitt 5.2 durchgeführt werden, damit das Format der Anzeige für die Testergebnisse mit dem Format des Testreports übereinstimmt. Außerdem müssen weitere Softwaremodule für die Testfallausführung in die Projektvorlage hinzugefügt werden, indem dafür die Applikation „TSG4T“ und ein TIA Portal Projekt einer Produktlinie genutzt werden. In Bezug auf die Softwarearchitektur mit dem MVP-Pattern gibt es mindestens noch eine Funktion wie die Funktion für die Erstellung des Testreports, welche sich in der View und nicht im Presenter befindet. Dies verletzt das MVP-Pattern, da in der View sich keine Geschäftslogik befinden darf und muss entsprechend geändert werden.

7 ABKÜRZUNGSVERZEICHNIS

Abkürzung	Erklärung
API	Application Programming Interface
AWL	Anweisungsliste
CD	Continuous Delivery
CI	Continuous Integration
FBD	Function Block Diagram
FUP	Funktionsplan
GUI	Graphical User Interface
KOP	Kontaktplan
LAD	Ladder Diagram
MVP	Model View Presenter
PLC	Programmable Logic Controller
SCL	Structured Control Language
SimaticML	SIMATIC Markup Language
SPS	Speicherprogrammierbare Steuerung
ST	Structured Text
STL	Statement List
TGW	Transportgeräte Wels
TIA	Totally Integrated Automation
TSG4T	TGW Software Generator for TIA Portal
VM	Virtual Machine
WPF	Windows Presentation Foundation

8 ABBILDUNGSVERZEICHNIS

9 TABELLENVERZEICHNIS

10 LITERATURVERZEICHNIS

Darvas, D., Majzik, I., & Viñuela, E. B. (23. Mai 2017). PLC Program Translation for Verification Purposes. Budapest, Mittelungarn, Ungarn. Abgerufen am 02. Juni 2025 von https://pp.bme.hu/eecs/article/view/9743/7376

DELTA LOGIC-Fachbegriffe. (o.D.). *Glossar-Fachbegriffe leicht erklärt*. Abgerufen am 02. Juni 2025 von https://www.deltalogic.de/Service/Glossar/

Feng, Z. (2011). Automated testing tool for PLC based industrial applications. San Diego, Kalifornien, USA. Abgerufen am 28. Mai 2025 von https://escholarship.org/uc/item/0bw1m6mp

Haslehner, C. (19. Oktober 2018). TGW Commander Controls-TIA Software generator: Documentation for installation and description of functionalities (unveröffentlicht). (1.0). Wels, Oberösterreich, Österreich. Abgerufen am 28. Juni 2025

Helder, P. v. (18. Mai 2016). Verification of PLC code used at CERN. Eindhoven, Noord-Brabant, Niederlande. Abgerufen am 04. Juni 2025 von https://pure.tue.nl/ws/portalfiles/portal/46935593/850303-1.pdf

Hendrik, S. (Mai 2023). Automatic test Case generation for PLC software. Aachen, Nordrhein-Westfalen, Deutschland. Abgerufen am 28. Mai 2025 von https://publications.rwth-aachen.de/record/964231/files/964231.pdf

Hurtig, C. (10. Januar 2018). EFFICIENT FBD TEST GENERATION THROUGH PROGRAM SLICING. Vasteras, Malardalen, Schweden. Abgerufen am 04. Juni 2025 von https://www.diva-portal.org/smash/get/diva2:1181047/FULLTEXT01.pdf

Jia-Ming, Y. (Januar 2016). Exploration of IEC 1131-3's LAD and SFC Languages in PLC Programming. Seri Iskandar, Perak, Malaysia. Abgerufen am 04. Juni 2025 von https://utpedia.utp.edu.my/id/eprint/17137/1/FYP2_Final_Dissertation.pdf

octoplant-AfterCheckInS. (2024). *AfterCheckInS.* (AUVESY MDT) Abgerufen am 03. Juli 2025 von https://info.octoplant.com/octoplant-info/public/en/main/0050_OctoplantServer/0040_Features/0090_Scripting/0050_EventsOnTheServer/0010_AfterCheckInS/

octoplant-Check-Out. (2024). *Check-Out*. Abgerufen am 06. Juli 2025 von https://info.octoplant.com/octoplant-info/public/de/main/0050_OctoplantServer/0040_Features/0040_CallFunctionsCmd/0030_CheckOut/

octoplant-Events. (2024). *Scripting*. (AUVESY-MDT) Abgerufen am 03. Juli 2025 von https://info.octoplant.com/octoplant-info/public/en/main/0040_AboutProduct/0020_Enhancements/0040_Scripting/

octoplant-Infos. (20. Juli 2023). *Über octoplant*. Abgerufen am 05. Juni 2025 von https://info.octoplant.com/de/octoplant_info.htm#tutorials/preamble/preamble_10.htm

octoplant-Initialisierungsdatei. (2024). *Interface file*. (AUVES MDT) Abgerufen am 03. Juli 2025 von https://info.octoplant.com/octoplant-info/public/en/main/0050_OctoplantServer/0040_Features/0090_Scripting/0040_InterfaceFile/

octoplant-Skripte. (2024). *Scripting*. (Auvesy-MDT) Abgerufen am 03. Juli 2025 von https://info.octoplant.com/octoplant-info/public/en/main/0050_OctoplantServer/0040_Features/0090_Scripting/

Potel, M. (1996). MVP: Model-View-Presenter The Taligent Programming Model for C++ and Java. Cupertino, Kalifornien, USA. Abgerufen am 26. Juni 2025 von https://www.wildcrest.com/Potel/Portfolio/mvp.pdf

Qureshi, M. R., & Sabir, F. (Februar 2013). A COMPARISON OF MODEL VIEW CONTROLLER AND MODEL VIEW PRESENTER. Jeddah, Mekka, Saudi-Arabien. Abgerufen am 26. Juni 2025 von https://arxiv.org/pdf/1408.5786

Rehkopf, M. (o.D.). *User stories with examples and a template*. Abgerufen am 10. Juni 2025 von https://www.atlassian.com/agile/project-management/user-stories

Salari, M. E. (Mai 2024). Enabling Test Automation for Industrial PLC Programs. Västerås, Mälardalen, Schweden. Abgerufen am 31. Mai 2025 von https://www.diva-portal.org/smash/get/diva2:1848304/FULLTEXT03.pdf

Schofield, B., Borrego, J., & Vinuela, E. B. (21. Oktober 2021). CONTINUOUS INTEGRATION FOR PLC-BASED CONTROL SYSTEM

DEVELOPMENT. Genf, Genf, Schweiz. Abgerufen am 15. Juni 2025 von https://accelconf.web.cern.ch/icalepcs2021/papers/tupv035.pdf

Siemens AG-Normerfüllung STEP 7. (April 2015). SIMATIC STEP 7-Normerfüllung nach IEC 61131-3 (3rd Edition) . (3.0). Nürnberg, Bayern, Deutschland. Abgerufen am 03. Juni 2025 von https://cache.industry.siemens.com/dl/files/748/109476748/att_845617/v1/IEC_61131_compliance_de_DE.pdf

Siemens AG-PLCSIM Advanced. (November 2023). FUNKTIONSHANDBUCH SIMATIC S7-1500 S7-PLCSIM Advanced. Nürnberg, Bayern, Deutschland. Abgerufen am 05. Juni 2025 von https://cache.industry.siemens.com/dl/files/194/109826194/att_1161213/v1/s7-plcsim_advanced_function_manual_de-DE.pdf

Siemens AG-Programmierstyleguide. (11. Mai 2020). Programmierstyleguide für SIMATIC S7-1200/ S7-1500. München, Bayern, Deutschland. Abgerufen am 11. Juni 2025 von https://cache.industry.siemens.com/dl/files/084/109478084/att_1022098/v1/81318674_Programming_Styleguide_DOC_v20_de.pdf

Siemens AG-SIMATIC STEP 7 für das TIA Portal. (o.D.). *SPS Programmierung mit SIMATIC STEP 7*. Abgerufen am 17. Juni 2025 von https://www.siemens.com/de/de/produkte/automatisierung/industrie-software/automatisierungs-software/tia-portal/software/step7-tia-portal.html#SIMATICSTEP7EngineeringSoftware

Siemens AG-SimaticML. (31. März 2025). *TIA Portal Openness: Automatisierung von Engineering-Workflows*. Abgerufen am 01. Juni 2025 von https://support.industry.siemens.com/cs/document/109792902/tia-portal-openness-automatisierung-von-engineering-workflows?dti=0&lc=de-DE

Siemens AG-STEP 7 Engineering. (November 2023). STEP 7 and WinCC Engineering V19 System Manual. Nürnberg, Bayern, Deutschland. Abgerufen am 07. Juni 2025 von https://cache.industry.siemens.com/dl/files/862/109826862/att_1163651/v1/STEP7_WinCC_Engineering_V19_enUS.pdf

Siemens AG-Test Suite Advanced. (Jänner 2023). TIA Portal Test Suite-Funktionshandbuch. Nürnberg, Bayern, Deutschland. Abgerufen am 05. Juni 2025 von https://cache.industry.siemens.com/dl/files/229/109825229/att_1157533/v2/TestSuiteOLH_deDE_de-DE.pdf

Siemens AG-TIA Add-Ins. (14. Juni 2022). TIA Add-Ins Getting Started. (1.3). Erlangen, Bayern, Deutschland. Abgerufen am 04. Juli 2025 von https://cache.industry.siemens.com/dl/files/415/109779415/att_1105972/v1/109779415_TIA_Add-In_Getting_Started_DOC_V1_3_DE.pdf

Siemens AG-TIA Portal. (o.D.). *Totally Integrated Automation Portal – Always ready for tomorrow.* (Siemens AG) Abgerufen am 05. Juni 2025 von https://www.siemens.com/at/de/produkte/automatisierung/industrie-software/automatisierungs-software/tia-portal.html

Siemens AG-TIA Portal Openness. (30. November 2023). TIA Portal Openness: API für die Automatisierung von Engineering-Workflows-Systemhandbuch. Nürnberg, Bayern, Deutschland. Abgerufen am 05. Juni 2025 von https://cache.industry.siemens.com/dl/files/886/109826886/att_1163873/v1/TIAPortalOpennessdeDE_de-DE.pdf

Sütterlin, M. (2021). *Skript Automatiseirungstechnik Teil 1: Norm IEC61131, Grundkonzepte, Übungen und einfache Projekte* (23. Ausg.). Kochersteinsfeld, Baden-Württemberg, Deutschland. Abgerufen am 04. Juni 2025

Vektor67. (o.D.). Waiting time Vector linear icon isolated on white background. Abgerufen am 02. Juli 2025 von https://stock.adobe.com/at/images/waiting-time-vector-linear-icon-isolated-on-white-background/246677065

Viñuela, E. B., Darvas, D., & Sallai, G. (09. Oktober 2019). TESTING SOLUTIONS FOR SIEMENS PLC PROGRAMS. (J. Publishing, Hrsg.) New York City, New York, USA. Abgerufen am 06. Juni 2025 von https://cds.cern.ch/record/2777809/files/10.18429_JACoW-ICALEPCS2019-WEPHA018.pdf

Wirth, N. (Juli 1973). The programming language Pascal (Revised Report). Zürich, Zürich, Schweiz. Abgerufen am 04. Juni 2025 von https://www.research-collection.ethz.ch/bitstream/handle/20.500.11850/68910/eth-3059-01.pdf

11 Anhang A: PlantUML-Code für das Klassendiagramm

In diesem Abschnitt wird der Code für das Klassendiagramm des Testmanagement-Frameworks, welches mit PlantUML generiert wurde, bereitgestellt:

```
@startuml

scale 1.05

skinparam classFontSize 18

skinparam defaultFontSize 18

class MainWindow {

void : Choose_Project_btn(object sender, RoutedEventArgs e)

void : Checkout_Project_btn(object sender, RoutedEventArgs e)

void : Conduct_Static_Code_Tests_btn(object sender, RoutedEventArgs e)

}

class Presenter {

void : LoadConfigurationFiles(string projectName)

void : ConductStaticCodeTests(List<DataRowView> selectedRulesetRows)

}

class Model {

void : CreateConfigurationFileDataTable(string projectName)
```

```
void : CreateResultsTable(List<TestRow> testRows)

}

class TestLogic {

List<TestResult>    :    CheckProgrammingLanguagePlcBlock(XmlDocument
xmlDocument)

}

class AutomaticProcess{

void : StartProcessAutomatically(string relativePath)

}

MainWindow ...> Presenter: calls methods from

Presenter ...> Model: hands over results to

Presenter ...> TestLogic: uses

Model ...> Presenter: hands over table to

Presenter ...> MainWindow: hands over table to

Presenter ...> AutomaticProcess: calls method from

AutomaticProcess ...> Model: hands over results to

AutomaticProcess ...> TestLogic: uses

@enduml
```

12 Anhang B: Vollständige Tabelle für Durchlauf 1

In diesem Abschnitt stellt Tabelle 17 die vollständige Tabelle für den Durchlauf 1 aus Abschnitt 4.2.1 dar und enthält den Namen des Testobjekts in der Spalte „Block“ und den Namen des Regelsatzes in der Spalte „Rule set“ und stellt die vorhandenen Einträge der Konfigurationsdatei für das PLC-Gerät „Fxxx - CoCTC+ULC_V014“ der Projektbibliothek „CoCTC+ULC“ dar.

Block	Rule set
FB_0720_MFS_CON	Comment_Codeblock_IO
FB_0720_MFS_CON	Comment_Codeblock_Variables
FB_0720_MFS_CON	TGW_Module_Guidelines
FB_0721_MFS_LOG	Comment_Codeblock_IO
FB_0721_MFS_LOG	Comment_Codeblock_Variables
FB_0721_MFS_LOG	TGW_Module_Guidelines
FB_0722_CO_UDP	Comment_Codeblock_IO
FB_0722_CO_UDP	Comment_Codeblock_Variables
FB_0722_CO_UDP	TGW_Module_Guidelines
FB_0725_ALARM_INTERFACE	Comment_Codeblock_IO
FB_0725_ALARM_INTERFACE	Comment_Codeblock_Variables
FB_0725_ALARM_INTERFACE	TGW_Module_Guidelines
FB_0750_CO_MFS_RCV	Comment_Codeblock_IO
FB_0750_CO_MFS_RCV	Comment_Codeblock_Variables
FB_0750_CO_MFS_RCV	TGW_Module_Guidelines
FB_0760_CO_MFS_SND_MNG	Comment_Codeblock_IO
FB_0760_CO_MFS_SND_MNG	Comment_Codeblock_Variables
FB_0760_CO_MFS_SND_MNG	TGW_Module_Guidelines
FB_0770_FL_SWITCH	Comment_Codeblock_IO
FB_0770_FL_SWITCH	Comment_Codeblock_Variables
FB_0770_FL_SWITCH	TGW_Module_Guidelines
FB_0798_PlcData	Comment_Codeblock_IO
FB_0798_PlcData	Comment_Codeblock_Variables
FB_0798_PlcData	TGW_Module_Guidelines
FB_0799_EventTrigCam	Comment_Codeblock_IO
FB_0799_EventTrigCam	Comment_Codeblock_Variables
FB_0799_EventTrigCam	TGW_Module_Guidelines
FB_0800_KdrCcAIRDiag	Comment_Codeblock_IO

FB 0800 KdrCcAlRDiaq	Comment Codeblock Variables
FB 0800 KdrCcAlRDiaq	TGW Module Guidelines
FB 0805 OffModeControl	Comment Codeblock IO
FB 0805 OffModeControl	Comment Codeblock Variables
FB 0805 OffModeControl	TGW Module Guidelines
FB 1000 System	Comment Codeblock IO
FB 1000 System	Comment Codeblock Variables
FB 1000 System	TGW Module Guidelines
FB 1004 CustSCADA	Comment Codeblock IO
FB 1004 CustSCADA	Comment Codeblock Variables
FB 1004 CustSCADA	TGW Module Guidelines
FB 1010 Mode	Comment Codeblock IO
FB 1010 Mode	Comment Codeblock Variables
FB 1010 Mode	TGW Module Guidelines
FB 1011 ModeTU	Comment Codeblock IO
FB 1011 ModeTU	Comment Codeblock Variables
FB 1011 ModeTU	TGW Module Guidelines
FB 1020 EStops	Comment Codeblock IO
FB 1020 EStops	Comment Codeblock Variables
FB 1020 EStops	TGW Module Guidelines
FB 1021 MainContactors	Comment Codeblock IO
FB 1021 MainContactors	Comment Codeblock Variables
FB 1021 MainContactors	TGW Module Guidelines
FB 1022 SafetyErrors	Comment Codeblock IO
FB 1022 SafetyErrors	Comment Codeblock Variables
FB 1022 SafetyErrors	TGW Module Guidelines
FB 1023 Doors	Comment Codeblock IO
FB 1023 Doors	Comment Codeblock Variables
FB 1023 Doors	TGW Module Guidelines
FB 1024 Cabinet	Comment Codeblock IO
FB 1024 Cabinet	Comment Codeblock Variables
FB 1024 Cabinet	TGW Module Guidelines
FB 1025 PowerSupply24VDC	Comment Codeblock IO
FB 1025 PowerSupply24VDC	Comment Codeblock Variables
FB 1025 PowerSupply24VDC	TGW Module Guidelines
FB 1027 EStopsNxxx	Comment Codeblock IO
FB 1027 EStopsNxxx	Comment Codeblock Variables
FB 1027 EStopsNxxx	TGW Module Guidelines
FB 1028 CabinetLifter	Comment Codeblock IO
FB 1028 CabinetLifter	Comment Codeblock Variables
FB 1028 CabinetLifter	TGW Module Guidelines

FB_1029_CabinetTCar	Comment_Codeblock_IO
FB_1029_CabinetTCar	Comment_Codeblock_Variables
FB_1029_CabinetTCar	TGW_Module_Guidelines
FB_1031_ProfiBus	Comment_Codeblock_IO
FB_1031_ProfiBus	Comment_Codeblock_Variables
FB_1031_ProfiBus	TGW_Module_Guidelines
FB_1032_ProfiNet	Comment_Codeblock_IO
FB_1032_ProfiNet	Comment_Codeblock_Variables
FB_1032_ProfiNet	TGW_Module_Guidelines
FB_1033_ASi5_Diag	Comment_Codeblock_IO
FB_1033_ASi5_Diag	Comment_Codeblock_Variables
FB_1033_ASi5_Diag	TGW_Module_Guidelines
FB_1040_KdrCcDiag	Comment_Codeblock_IO
FB_1040_KdrCcDiag	Comment_Codeblock_Variables
FB_1040_KdrCcDiag	TGW_Module_Guidelines
FB_1050_CustErrMsg	Comment_Codeblock_IO
FB_1050_CustErrMsg	Comment_Codeblock_Variables
FB_1050_CustErrMsg	TGW_Module_Guidelines
FB_1100_Door	Comment_Codeblock_IO
FB_1100_Door	Comment_Codeblock_Variables
FB_1100_Door	TGW_Module_Guidelines
FB_1101_FireProtDoor	Comment_Codeblock_IO
FB_1101_FireProtDoor	Comment_Codeblock_Variables
FB_1101_FireProtDoor	TGW_Module_Guidelines
FB_1102_FireProtDoorKdr	Comment_Codeblock_IO
FB_1102_FireProtDoorKdr	Comment_Codeblock_Variables
FB_1102_FireProtDoorKdr	TGW_Module_Guidelines
FB_1103_AnybusConvCon	Comment_Codeblock_IO
FB_1103_AnybusConvCon	Comment_Codeblock_Variables
FB_1103_AnybusConvCon	TGW_Module_Guidelines
FB_1104_FireProtDoor	Comment_Codeblock_IO
FB_1104_FireProtDoor	Comment_Codeblock_Variables
FB_1104_FireProtDoor	TGW_Module_Guidelines
FB_1105_BLB	Comment_Codeblock_IO
FB_1105_BLB	Comment_Codeblock_Variables
FB_1105_BLB	TGW_Module_Guidelines
FB_1107_Muting	Comment_Codeblock_IO
FB_1107_Muting	Comment_Codeblock_Variables
FB_1107_Muting	TGW_Module_Guidelines
FB_1111_3rdPartyNo1	Comment_Codeblock_IO
FB_1111_3rdPartyNo1	Comment_Codeblock_Variables

FB_1111_3rdPartyNo1	TGW_Module_Guidelines
FB_1112_3rdPartyNo2	Comment_Codeblock_IO
FB_1112_3rdPartyNo2	Comment_Codeblock_Variables
FB_1112_3rdPartyNo2	TGW_Module_Guidelines
FB_1113_3rdPartyNo3	Comment_Codeblock_IO
FB_1113_3rdPartyNo3	Comment_Codeblock_Variables
FB_1113_3rdPartyNo3	TGW_Module_Guidelines
FB_1114_3rdPartyNo4	Comment_Codeblock_IO
FB_1114_3rdPartyNo4	Comment_Codeblock_Variables
FB_1114_3rdPartyNo4	TGW_Module_Guidelines
FB_1115_3rdPartyNo5	Comment_Codeblock_IO
FB_1115_3rdPartyNo5	Comment_Codeblock_Variables
FB_1115_3rdPartyNo5	TGW_Module_Guidelines
FB_1116_3rdPartyNo6	Comment_Codeblock_IO
FB_1116_3rdPartyNo6	Comment_Codeblock_Variables
FB_1116_3rdPartyNo6	TGW_Module_Guidelines
FB_1117_3rdPartyNo7	Comment_Codeblock_IO
FB_1117_3rdPartyNo7	Comment_Codeblock_Variables
FB_1117_3rdPartyNo7	TGW_Module_Guidelines
FB_1118_3rdPartyNo8	Comment_Codeblock_IO
FB_1118_3rdPartyNo8	Comment_Codeblock_Variables
FB_1118_3rdPartyNo8	TGW_Module_Guidelines
FB_1119_3rdPartyNo9	Comment_Codeblock_IO
FB_1119_3rdPartyNo9	Comment_Codeblock_Variables
FB_1119_3rdPartyNo9	TGW_Module_Guidelines
FB_1200_LcmChk	Comment_Codeblock_IO
FB_1200_LcmChk	Comment_Codeblock_Variables
FB_1200_LcmChk	TGW_Module_Guidelines
FB_1201_ScaleToledoDP	Comment_Codeblock_IO
FB_1201_ScaleToledoDP	Comment_Codeblock_Variables
FB_1201_ScaleToledoDP	TGW_Module_Guidelines
FB_1202_ScaleBiz	Comment_Codeblock_IO
FB_1202_ScaleBiz	Comment_Codeblock_Variables
FB_1202_ScaleBiz	TGW_Module_Guidelines
FB_1203_ScaleSart	Comment_Codeblock_IO
FB_1203_ScaleSart	Comment_Codeblock_Variables
FB_1203_ScaleSart	TGW_Module_Guidelines
FB_1204_ScaleSart_SPI3	Comment_Codeblock_IO
FB_1204_ScaleSart_SPI3	Comment_Codeblock_Variables
FB_1204_ScaleSart_SPI3	TGW_Module_Guidelines
FB_1207_LeuzeScan	Comment_Codeblock_IO

FB_1207_LeuzeScan	Comment_Codeblock_Variables
FB_1207_LeuzeScan	TGW_Module_Guidelines
FB_1208_ScanCognex300	Comment_Codeblock_IO
FB_1208_ScanCognex300	Comment_Codeblock_Variables
FB_1208_ScanCognex300	TGW_Module_Guidelines
FB_1210_LcmChkLight	Comment_Codeblock_IO
FB_1210_LcmChkLight	Comment_Codeblock_Variables
FB_1210_LcmChkLight	TGW_Module_Guidelines
FB_1212_LSCLeuze3D	Comment_Codeblock_IO
FB_1212_LSCLeuze3D	Comment_Codeblock_Variables
FB_1212_LSCLeuze3D	TGW_Module_Guidelines
FB_1213_ScaleSartAnybus	Comment_Codeblock_IO
FB_1213_ScaleSartAnybus	Comment_Codeblock_Variables
FB_1213_ScaleSartAnybus	TGW_Module_Guidelines
FB_1214_ScaleMinebeaPCPS	Comment_Codeblock_IO
FB_1214_ScaleMinebeaPCPS	Comment_Codeblock_Variables
FB_1214_ScaleMinebeaPCPS	TGW_Module_Guidelines
FB_1215_SickSMU	Comment_Codeblock_IO
FB_1215_SickSMU	Comment_Codeblock_Variables
FB_1215_SickSMU	TGW_Module_Guidelines
FB_1216_SMUDataMgmt	Comment_Codeblock_IO
FB_1216_SMUDataMgmt	Comment_Codeblock_Variables
FB_1216_SMUDataMgmt	TGW_Module_Guidelines
FB_1217_PalDeflectChk	Comment_Codeblock_IO
FB_1217_PalDeflectChk	Comment_Codeblock_Variables
FB_1217_PalDeflectChk	TGW_Module_Guidelines
FB_1218_ScanCognexMS	Comment_Codeblock_IO
FB_1218_ScanCognexMS	Comment_Codeblock_Variables
FB_1218_ScanCognexMS	TGW_Module_Guidelines
FB_1220_Sick6SScan	Comment_Codeblock_IO
FB_1220_Sick6SScan	Comment_Codeblock_Variables
FB_1220_Sick6SScan	TGW_Module_Guidelines
FB_1221_KeyanceScan	Comment_Codeblock_IO
FB_1221_KeyanceScan	Comment_Codeblock_Variables
FB_1221_KeyanceScan	TGW_Module_Guidelines
FB_1225_ScanSickCLV	Comment_Codeblock_IO
FB_1225_ScanSickCLV	Comment_Codeblock_Variables
FB_1225_ScanSickCLV	TGW_Module_Guidelines
FB_1228_ScanCognexMux	Comment_Codeblock_IO
FB_1228_ScanCognexMux	Comment_Codeblock_Variables
FB_1228_ScanCognexMux	TGW_Module_Guidelines

FB 1229 ScanSickMux	Comment Codeblock IO
FB 1229 ScanSickMux	Comment Codeblock Variables
FB 1229 ScanSickMux	TGW Module Guidelines
FB 1300 Database	Comment Codeblock IO
FB 1300 Database	Comment Codeblock Variables
FB 1300 Database	TGW Module Guidelines
FB 1301 Performance	Comment Codeblock IO
FB 1301 Performance	Comment Codeblock Variables
FB 1301 Performance	TGW Module Guidelines
FB 1302 SmartKinematics	Comment Codeblock IO
FB 1302 SmartKinematics	Comment Codeblock Variables
FB 1302 SmartKinematics	TGW Module Guidelines
FB 1305 FillLevelManager	Comment Codeblock IO
FB 1305 FillLevelManager	Comment Codeblock Variables
FB 1305 FillLevelManager	TGW Module Guidelines
FB 1308 CO MFS StatCtrl	Comment Codeblock IO
FB 1308 CO MFS StatCtrl	Comment Codeblock Variables
FB 1308 CO MFS StatCtrl	TGW Module Guidelines
FB 1309 CO MFS IPointSMU	Comment Codeblock IO
FB 1309 CO MFS IPointSMU	Comment Codeblock Variables
FB 1309 CO MFS IPointSMU	TGW Module Guidelines
FB 1310 CO MFS HpPcOTsSr	Comment Codeblock IO
FB 1310 CO MFS HpPcOTsSr	Comment Codeblock Variables
FB 1310 CO MFS HpPcOTsSr	TGW Module Guidelines
FB 1311 CO MFS HpPcOTsTg	Comment Codeblock IO
FB 1311 CO MFS HpPcOTsTg	Comment Codeblock Variables
FB 1311 CO MFS HpPcOTsTg	TGW Module Guidelines
FB 1312 CO MFS NpPcOTsSr	Comment Codeblock IO
FB 1312 CO MFS NpPcOTsSr	Comment Codeblock Variables
FB 1312 CO MFS NpPcOTsSr	TGW Module Guidelines
FB 1313 CO MFS NpPcOTsTg	Comment Codeblock IO
FB 1313 CO MFS NpPcOTsTg	Comment Codeblock Variables
FB 1313 CO MFS NpPcOTsTg	TGW Module Guidelines
FB 1314 CO MFS LdPcOTsSr	Comment Codeblock IO
FB 1314 CO MFS LdPcOTsSr	Comment Codeblock Variables
FB 1314 CO MFS LdPcOTsSr	TGW Module Guidelines
FB 1317 CO MFS Tel	Comment Codeblock IO
FB 1317 CO MFS Tel	Comment Codeblock Variables
FB 1317 CO MFS Tel	TGW Module Guidelines
FB 1318 CO MFS LdPcOTsTr	Comment Codeblock IO
FB 1318 CO MFS LdPcOTsTr	Comment Codeblock Variables

FB_1318_CO_MFS_LdPcOTsTr	TGW_Module_Guidelines
FB_1319_CO_MFS_IPoint	Comment_Codeblock_IO
FB_1319_CO_MFS_IPoint	Comment_Codeblock_Variables
FB_1319_CO_MFS_IPoint	TGW_Module_Guidelines
FB_1320_CO_MFS_NPoint	Comment_Codeblock_IO
FB_1320_CO_MFS_NPoint	Comment_Codeblock_Variables
FB_1320_CO_MFS_NPoint	TGW_Module_Guidelines
FB_1321_CO_MFS_HPointS	Comment_Codeblock_IO
FB_1321_CO_MFS_HPointS	Comment_Codeblock_Variables
FB_1321_CO_MFS_HPointS	TGW_Module_Guidelines
FB_1322_CO_MFS_NegNotify	Comment_Codeblock_IO
FB_1322_CO_MFS_NegNotify	Comment_Codeblock_Variables
FB_1322_CO_MFS_NegNotify	TGW_Module_Guidelines
FB_1323_CO_MFS_HPointSWP	Comment_Codeblock_IO
FB_1323_CO_MFS_HPointSWP	Comment_Codeblock_Variables
FB_1323_CO_MFS_HPointSWP	TGW_Module_Guidelines
FB_1324_CO_MFS_Drop	Comment_Codeblock_IO
FB_1324_CO_MFS_Drop	Comment_Codeblock_Variables
FB_1324_CO_MFS_Drop	TGW_Module_Guidelines
FB_1325_CO_MFS_HPointM	Comment_Codeblock_IO
FB_1325_CO_MFS_HPointM	Comment_Codeblock_Variables
FB_1325_CO_MFS_HPointM	TGW_Module_Guidelines
FB_1326_CO_MFS_TransReg	Comment_Codeblock_IO
FB_1326_CO_MFS_TransReg	Comment_Codeblock_Variables
FB_1326_CO_MFS_TransReg	TGW_Module_Guidelines
FB_1327_CO_MFS_FillLevel	Comment_Codeblock_IO
FB_1327_CO_MFS_FillLevel	Comment_Codeblock_Variables
FB_1327_CO_MFS_FillLevel	TGW_Module_Guidelines
FB_1328_CO_MFS_Status	Comment_Codeblock_IO
FB_1328_CO_MFS_Status	Comment_Codeblock_Variables
FB_1328_CO_MFS_Status	TGW_Module_Guidelines
FB_1329_CO_MFS_Control	Comment_Codeblock_IO
FB_1329_CO_MFS_Control	Comment_Codeblock_Variables
FB_1329_CO_MFS_Control	TGW_Module_Guidelines
FB_1330_CO_MFS_LCData	Comment_Codeblock_IO
FB_1330_CO_MFS_LCData	Comment_Codeblock_Variables
FB_1330_CO_MFS_LCData	TGW_Module_Guidelines
FB_1331_CO_MFS_NPointPC	Comment_Codeblock_IO
FB_1331_CO_MFS_NPointPC	Comment_Codeblock_Variables
FB_1331_CO_MFS_NPointPC	TGW_Module_Guidelines
FB_1332_CO_MFS_HPointSPC	Comment_Codeblock_IO

FB_1332_CO_MFS_HPointSPC	Comment_Codeblock_Variables
FB_1332_CO_MFS_HPointSPC	TGW_Module_Guidelines
FB_1333_CO_MFS_HPointMPC	Comment_Codeblock_IO
FB_1333_CO_MFS_HPointMPC	Comment_Codeblock_Variables
FB_1333_CO_MFS_HPointMPC	TGW_Module_Guidelines
FB_1334_CO_MFS_TranRegPC	Comment_Codeblock_IO
FB_1334_CO_MFS_TranRegPC	Comment_Codeblock_Variables
FB_1334_CO_MFS_TranRegPC	TGW_Module_Guidelines
FB_1335_CO_MFS_LCDataPC	Comment_Codeblock_IO
FB_1335_CO_MFS_LCDataPC	Comment_Codeblock_Variables
FB_1335_CO_MFS_LCDataPC	TGW_Module_Guidelines
FB_1336_CO_MFS_ToteSeq	Comment_Codeblock_IO
FB_1336_CO_MFS_ToteSeq	Comment_Codeblock_Variables
FB_1336_CO_MFS_ToteSeq	TGW_Module_Guidelines
FB_1337_CO_MFS_HPntSWPC	Comment_Codeblock_IO
FB_1337_CO_MFS_HPntSWPC	Comment_Codeblock_Variables
FB_1337_CO_MFS_HPntSWPC	TGW_Module_Guidelines
FB_1338_CO_MFS_DropPC	Comment_Codeblock_IO
FB_1338_CO_MFS_DropPC	Comment_Codeblock_Variables
FB_1338_CO_MFS_DropPC	TGW_Module_Guidelines
FB_1339_CO_MFS_Order1P4L	Comment_Codeblock_IO
FB_1339_CO_MFS_Order1P4L	Comment_Codeblock_Variables
FB_1339_CO_MFS_Order1P4L	TGW_Module_Guidelines
FB_1340_CO_MFS_Order8Lc	Comment_Codeblock_IO
FB_1340_CO_MFS_Order8Lc	Comment_Codeblock_Variables
FB_1340_CO_MFS_Order8Lc	TGW_Module_Guidelines
FB_1341_Order1P4L	Comment_Codeblock_IO
FB_1341_Order1P4L	Comment_Codeblock_Variables
FB_1341_Order1P4L	TGW_Module_Guidelines
FB_1342_Coord	Comment_Codeblock_IO
FB_1342_Coord	Comment_Codeblock_Variables
FB_1342_Coord	TGW_Module_Guidelines
FB_1346_Windows	Comment_Codeblock_IO
FB_1346_Windows	Comment_Codeblock_Variables
FB_1346_Windows	TGW_Module_Guidelines
FB_1347_DPoint	Comment_Codeblock_IO
FB_1347_DPoint	Comment_Codeblock_Variables
FB_1347_DPoint	TGW_Module_Guidelines
FB_1351_ScanCheck	Comment_Codeblock_IO
FB_1351_ScanCheck	Comment_Codeblock_Variables
FB_1351_ScanCheck	TGW_Module_Guidelines

FB_1355_WindowsTriple	Comment_Codeblock_IO
FB_1355_WindowsTriple	Comment_Codeblock_Variables
FB_1355_WindowsTriple	TGW_Module_Guidelines
FB_1357_PCOTS	Comment_Codeblock_IO
FB_1357_PCOTS	Comment_Codeblock_Variables
FB_1357_PCOTS	TGW_Module_Guidelines
FB_1365_MergeCtrl	Comment_Codeblock_IO
FB_1365_MergeCtrl	Comment_Codeblock_Variables
FB_1365_MergeCtrl	TGW_Module_Guidelines
FB_1366_SlugLineCtrl	Comment_Codeblock_IO
FB_1366_SlugLineCtrl	Comment_Codeblock_Variables
FB_1366_SlugLineCtrl	TGW_Module_Guidelines
FB_1367_CO_MFS_HpLPSr	Comment_Codeblock_IO
FB_1367_CO_MFS_HpLPSr	Comment_Codeblock_Variables
FB_1367_CO_MFS_HpLPSr	TGW_Module_Guidelines
FB_1368_CO_MFS_NpLPSr	Comment_Codeblock_IO
FB_1368_CO_MFS_NpLPSr	Comment_Codeblock_Variables
FB_1368_CO_MFS_NpLPSr	TGW_Module_Guidelines
FB_1369_LivePick	Comment_Codeblock_IO
FB_1369_LivePick	Comment_Codeblock_Variables
FB_1369_LivePick	TGW_Module_Guidelines
FB_1376_NatrixWinTrack	Comment_Codeblock_IO
FB_1376_NatrixWinTrack	Comment_Codeblock_Variables
FB_1376_NatrixWinTrack	TGW_Module_Guidelines
FB_1377_NatrixDashboard	Comment_Codeblock_IO
FB_1377_NatrixDashboard	Comment_Codeblock_Variables
FB_1377_NatrixDashboard	TGW_Module_Guidelines
FB_1381_Comm_UDP_Srv	Comment_Codeblock_IO
FB_1381_Comm_UDP_Srv	Comment_Codeblock_Variables
FB_1381_Comm_UDP_Srv	TGW_Module_Guidelines
FB_1382_Comm_UDP_Clt	Comment_Codeblock_IO
FB_1382_Comm_UDP_Clt	Comment_Codeblock_Variables
FB_1382_Comm_UDP_Clt	TGW_Module_Guidelines
FB_1383_Comm_UDP_Clt_Ack	Comment_Codeblock_IO
FB_1383_Comm_UDP_Clt_Ack	Comment_Codeblock_Variables
FB_1383_Comm_UDP_Clt_Ack	TGW_Module_Guidelines
FB_1387_WindowsDynamic	Comment_Codeblock_IO
FB_1387_WindowsDynamic	Comment_Codeblock_Variables
FB_1387_WindowsDynamic	TGW_Module_Guidelines
FB_1388_FineSequencer	Comment_Codeblock_IO
FB_1388_FineSequencer	Comment_Codeblock_Variables

FB_1388_FineSequencer	TGW_Module_Guidelines
FB_1390_CO_MFS_HPointCFT	Comment_Codeblock_IO
FB_1390_CO_MFS_HPointCFT	Comment_Codeblock_Variables
FB_1390_CO_MFS_HPointCFT	TGW_Module_Guidelines
FB_1400_ConvMulti	Comment_Codeblock_IO
FB_1400_ConvMulti	Comment_Codeblock_Variables
FB_1400_ConvMulti	TGW_Module_Guidelines
FB_1401_Drv	Comment_Codeblock_IO
FB_1401_Drv	Comment_Codeblock_Variables
FB_1401_Drv	TGW_Module_Guidelines
FB_1402_1PIRev	Comment_Codeblock_IO
FB_1402_1PIRev	Comment_Codeblock_Variables
FB_1402_1PIRev	TGW_Module_Guidelines
FB_1403_LiftGearMulti	Comment_Codeblock_IO
FB_1403_LiftGearMulti	Comment_Codeblock_Variables
FB_1403_LiftGearMulti	TGW_Module_Guidelines
FB_1404_SlgLineSewPnDrv	Comment_Codeblock_IO
FB_1404_SlgLineSewPnDrv	Comment_Codeblock_Variables
FB_1404_SlgLineSewPnDrv	TGW_Module_Guidelines
FB_1405_SlgLineLzePnDrv	Comment_Codeblock_IO
FB_1405_SlgLineLzePnDrv	Comment_Codeblock_Variables
FB_1405_SlgLineLzePnDrv	TGW_Module_Guidelines
FB_1406_TurningDevice	Comment_Codeblock_IO
FB_1406_TurningDevice	Comment_Codeblock_Variables
FB_1406_TurningDevice	TGW_Module_Guidelines
FB_1407_SpiralConvAmbaF	Comment_Codeblock_IO
FB_1407_SpiralConvAmbaF	Comment_Codeblock_Variables
FB_1407_SpiralConvAmbaF	TGW_Module_Guidelines
FB_1408_SpiralConvApollo	Comment_Codeblock_IO
FB_1408_SpiralConvApollo	Comment_Codeblock_Variables
FB_1408_SpiralConvApollo	TGW_Module_Guidelines
FB_1409_LUGB	Comment_Codeblock_IO
FB_1409_LUGB	Comment_Codeblock_Variables
FB_1409_LUGB	TGW_Module_Guidelines
FB_1410_Conv2P	Comment_Codeblock_IO
FB_1410_Conv2P	Comment_Codeblock_Variables
FB_1410_Conv2P	TGW_Module_Guidelines
FB_1411_Conv3P	Comment_Codeblock_IO
FB_1411_Conv3P	Comment_Codeblock_Variables
FB_1411_Conv3P	TGW_Module_Guidelines
FB_1412_LCPosCorrWin	Comment_Codeblock_IO

FB_1412_LCPosCorrWin	Comment_Codeblock_Variables
FB_1412_LCPosCorrWin	TGW_Module_Guidelines
FB_1414_MRPuConv	Comment_Codeblock_IO
FB_1414_MRPuConv	Comment_Codeblock_Variables
FB_1414_MRPuConv	TGW_Module_Guidelines
FB_1420_RUS	Comment_Codeblock_IO
FB_1420_RUS	Comment_Codeblock_Variables
FB_1420_RUS	TGW_Module_Guidelines
FB_1421_InRUS	Comment_Codeblock_IO
FB_1421_InRUS	Comment_Codeblock_Variables
FB_1421_InRUS	TGW_Module_Guidelines
FB_1422_RUS3P	Comment_Codeblock_IO
FB_1422_RUS3P	Comment_Codeblock_Variables
FB_1422_RUS3P	TGW_Module_Guidelines
FB_1423_OutRUS	Comment_Codeblock_IO
FB_1423_OutRUS	Comment_Codeblock_Variables
FB_1423_OutRUS	TGW_Module_Guidelines
FB_1424_RUS3P2LG	Comment_Codeblock_IO
FB_1424_RUS3P2LG	Comment_Codeblock_Variables
FB_1424_RUS3P2LG	TGW_Module_Guidelines
FB_1425_LpRUS	Comment_Codeblock_IO
FB_1425_LpRUS	Comment_Codeblock_Variables
FB_1425_LpRUS	TGW_Module_Guidelines
FB_1433_InOutRas	Comment_Codeblock_IO
FB_1433_InOutRas	Comment_Codeblock_Variables
FB_1433_InOutRas	TGW_Module_Guidelines
FB_1439_PWT	Comment_Codeblock_IO
FB_1439_PWT	Comment_Codeblock_Variables
FB_1439_PWT	TGW_Module_Guidelines
FB_1442_CZConv	Comment_Codeblock_IO
FB_1442_CZConv	Comment_Codeblock_Variables
FB_1442_CZConv	TGW_Module_Guidelines
FB_1443_SZRF	Comment_Codeblock_IO
FB_1443_SZRF	Comment_Codeblock_Variables
FB_1443_SZRF	TGW_Module_Guidelines
FB_1444_SMN	Comment_Codeblock_IO
FB_1444_SMN	Comment_Codeblock_Variables
FB_1444_SMN	TGW_Module_Guidelines
FB_1451_CorrConvLzSvo	Comment_Codeblock_IO
FB_1451_CorrConvLzSvo	Comment_Codeblock_Variables
FB_1451_CorrConvLzSvo	TGW_Module_Guidelines

FB_1454_WipingPusher	Comment_Codeblock_IO
FB_1454_WipingPusher	Comment_Codeblock_Variables
FB_1454_WipingPusher	TGW_Module_Guidelines
FB_1456_SMS	Comment_Codeblock_IO
FB_1456_SMS	Comment_Codeblock_Variables
FB_1456_SMS	TGW_Module_Guidelines
FB_1457_ConvLzeSvo	Comment_Codeblock_IO
FB_1457_ConvLzeSvo	Comment_Codeblock_Variables
FB_1457_ConvLzeSvo	TGW_Module_Guidelines
FB_1458_SlgLineLzeSvoDrv	Comment_Codeblock_IO
FB_1458_SlgLineLzeSvoDrv	Comment_Codeblock_Variables
FB_1458_SlgLineLzeSvoDrv	TGW_Module_Guidelines
FB_1460_NatrixMainDrv	Comment_Codeblock_IO
FB_1460_NatrixMainDrv	Comment_Codeblock_Variables
FB_1460_NatrixMainDrv	TGW_Module_Guidelines
FB_1461_NatrixDiverter	Comment_Codeblock_IO
FB_1461_NatrixDiverter	Comment_Codeblock_Variables
FB_1461_NatrixDiverter	TGW_Module_Guidelines
FB_1465_ConvAccOpt	Comment_Codeblock_IO
FB_1465_ConvAccOpt	Comment_Codeblock_Variables
FB_1465_ConvAccOpt	TGW_Module_Guidelines
FB_1468_TurnStatTRX	Comment_Codeblock_IO
FB_1468_TurnStatTRX	Comment_Codeblock_Variables
FB_1468_TurnStatTRX	TGW_Module_Guidelines
FB_1481_HiPeTraLight	Comment_Codeblock_IO
FB_1481_HiPeTraLight	Comment_Codeblock_Variables
FB_1481_HiPeTraLight	TGW_Module_Guidelines
FB_1483_HiPeTraCross	Comment_Codeblock_IO
FB_1483_HiPeTraCross	Comment_Codeblock_Variables
FB_1483_HiPeTraCross	TGW_Module_Guidelines
FB_1486_Channeliz3In	Comment_Codeblock_IO
FB_1486_Channeliz3In	Comment_Codeblock_Variables
FB_1486_Channeliz3In	TGW_Module_Guidelines
FB_1494_TKF	Comment_Codeblock_IO
FB_1494_TKF	Comment_Codeblock_Variables
FB_1494_TKF	TGW_Module_Guidelines
FB_1551_2PlStrPuStatDat	Comment_Codeblock_IO
FB_1551_2PlStrPuStatDat	Comment_Codeblock_Variables
FB_1551_2PlStrPuStatDat	TGW_Module_Guidelines
FB_1600_ConvMultiKdr	Comment_Codeblock_IO
FB_1600_ConvMultiKdr	Comment_Codeblock_Variables

FB_1600_ConvMultiKdr	TGW_Module_Guidelines
FB_1601_ConvKdr	Comment_Codeblock_IO
FB_1601_ConvKdr	Comment_Codeblock_Variables
FB_1601_ConvKdr	TGW_Module_Guidelines
FB_1602_1PlRevKdr	Comment_Codeblock_IO
FB_1602_1PlRevKdr	Comment_Codeblock_Variables
FB_1602_1PlRevKdr	TGW_Module_Guidelines
FB_1603_SlgLineConvKdr	Comment_Codeblock_IO
FB_1603_SlgLineConvKdr	Comment_Codeblock_Variables
FB_1603_SlgLineConvKdr	TGW_Module_Guidelines
FB_1604_LUGK	Comment_Codeblock_IO
FB_1604_LUGK	Comment_Codeblock_Variables
FB_1604_LUGK	TGW_Module_Guidelines
FB_1610_LCPosCorrWinKdr	Comment_Codeblock_IO
FB_1610_LCPosCorrWinKdr	Comment_Codeblock_Variables
FB_1610_LCPosCorrWinKdr	TGW_Module_Guidelines
FB_1639_PWTKdr	Comment_Codeblock_IO
FB_1639_PWTKdr	Comment_Codeblock_Variables
FB_1639_PWTKdr	TGW_Module_Guidelines
FB_1650_AccConvKdr	Comment_Codeblock_IO
FB_1650_AccConvKdr	Comment_Codeblock_Variables
FB_1650_AccConvKdr	TGW_Module_Guidelines
FB_1660_3PlAccPuStatDatK	Comment_Codeblock_IO
FB_1660_3PlAccPuStatDatK	Comment_Codeblock_Variables
FB_1660_3PlAccPuStatDatK	TGW_Module_Guidelines
FB_1661_2PlAccPuStatDatK	Comment_Codeblock_IO
FB_1661_2PlAccPuStatDatK	Comment_Codeblock_Variables
FB_1661_2PlAccPuStatDatK	TGW_Module_Guidelines
FB_1662_3PlSfPuStatDatK	Comment_Codeblock_IO
FB_1662_3PlSfPuStatDatK	Comment_Codeblock_Variables
FB_1662_3PlSfPuStatDatK	TGW_Module_Guidelines
FB_1665_StS3PlSfPuDatK	Comment_Codeblock_IO
FB_1665_StS3PlSfPuDatK	Comment_Codeblock_Variables
FB_1665_StS3PlSfPuDatK	TGW_Module_Guidelines
FB_1671_PDSK_2P	Comment_Codeblock_IO
FB_1671_PDSK_2P	Comment_Codeblock_Variables
FB_1671_PDSK_2P	TGW_Module_Guidelines
FB_1673_PDSK_4P	Comment_Codeblock_IO
FB_1673_PDSK_4P	Comment_Codeblock_Variables
FB_1673_PDSK_4P	TGW_Module_Guidelines
FB_1674_PDSK_3P	Comment_Codeblock_IO

FB_1674_PDSK_3P	Comment_Codeblock_Variables
FB_1674_PDSK_3P	TGW_Module_Guidelines
FB_1681_PDSK_2D	Comment_Codeblock_IO
FB_1681_PDSK_2D	Comment_Codeblock_Variables
FB_1681_PDSK_2D	TGW_Module_Guidelines
FB_1682_PDSK_2D_Rev	Comment_Codeblock_IO
FB_1682_PDSK_2D_Rev	Comment_Codeblock_Variables
FB_1682_PDSK_2D_Rev	TGW_Module_Guidelines
FB_1683_PDSK_4D	Comment_Codeblock_IO
FB_1683_PDSK_4D	Comment_Codeblock_Variables
FB_1683_PDSK_4D	TGW_Module_Guidelines
FB_1684_PDSK_3D	Comment_Codeblock_IO
FB_1684_PDSK_3D	Comment_Codeblock_Variables
FB_1684_PDSK_3D	TGW_Module_Guidelines
FB_1690_TBT	Comment_Codeblock_IO
FB_1690_TBT	Comment_Codeblock_Variables
FB_1690_TBT	TGW_Module_Guidelines
FB_1691_TBO	Comment_Codeblock_IO
FB_1691_TBO	Comment_Codeblock_Variables
FB_1691_TBO	TGW_Module_Guidelines
FB_1692_TBTL	Comment_Codeblock_IO
FB_1692_TBTL	Comment_Codeblock_Variables
FB_1692_TBTL	TGW_Module_Guidelines
FB_1700_Conv1PlKdrTrac	Comment_Codeblock_IO
FB_1700_Conv1PlKdrTrac	Comment_Codeblock_Variables
FB_1700_Conv1PlKdrTrac	TGW_Module_Guidelines
FB_1750_AccConvKdrTrack	Comment_Codeblock_IO
FB_1750_AccConvKdrTrack	Comment_Codeblock_Variables
FB_1750_AccConvKdrTrack	TGW_Module_Guidelines
FB_1790_TBTTrack	Comment_Codeblock_IO
FB_1790_TBTTrack	Comment_Codeblock_Variables
FB_1790_TBTTrack	TGW_Module_Guidelines
FB_1791_TBOTrack	Comment_Codeblock_IO
FB_1791_TBOTrack	Comment_Codeblock_Variables
FB_1791_TBOTrack	TGW_Module_Guidelines
FB_1792_TBTLTrack	Comment_Codeblock_IO
FB_1792_TBTLTrack	Comment_Codeblock_Variables
FB_1792_TBTLTrack	TGW_Module_Guidelines
FB_1950_XAxisLze	Comment_Codeblock_IO
FB_1950_XAxisLze	Comment_Codeblock_Variables
FB_1950_XAxisLze	TGW_Module_Guidelines

FB_1951_YAxisLze	Comment_Codeblock_IO
FB_1951_YAxisLze	Comment_Codeblock_Variables
FB_1951_YAxisLze	TGW_Module_Guidelines
FB_1970_PowerLze	Comment_Codeblock_IO
FB_1970_PowerLze	Comment_Codeblock_Variables
FB_1970_PowerLze	TGW_Module_Guidelines
FB_2000_1Pl	Comment_Codeblock_IO
FB_2000_1Pl	Comment_Codeblock_Variables
FB_2000_1Pl	TGW_Module_Guidelines
FB_2001_1PlRev	Comment_Codeblock_IO
FB_2001_1PlRev	Comment_Codeblock_Variables
FB_2001_1PlRev	TGW_Module_Guidelines
FB_2010_2Pl	Comment_Codeblock_IO
FB_2010_2Pl	Comment_Codeblock_Variables
FB_2010_2Pl	TGW_Module_Guidelines
FB_2011_2PlRev	Comment_Codeblock_IO
FB_2011_2PlRev	Comment_Codeblock_Variables
FB_2011_2PlRev	TGW_Module_Guidelines
FB_2015_3Pl	Comment_Codeblock_IO
FB_2015_3Pl	Comment_Codeblock_Variables
FB_2015_3Pl	TGW_Module_Guidelines
FB_2020_RHT	Comment_Codeblock_IO
FB_2020_RHT	Comment_Codeblock_Variables
FB_2020_RHT	TGW_Module_Guidelines
FB_2025_KUS	Comment_Codeblock_IO
FB_2025_KUS	Comment_Codeblock_Variables
FB_2025_KUS	TGW_Module_Guidelines
FB_2030_InKAS	Comment_Codeblock_IO
FB_2030_InKAS	Comment_Codeblock_Variables
FB_2030_InKAS	TGW_Module_Guidelines
FB_2033_OutKAS	Comment_Codeblock_IO
FB_2033_OutKAS	Comment_Codeblock_Variables
FB_2033_OutKAS	TGW_Module_Guidelines
FB_2036_InOutKAS	Comment_Codeblock_IO
FB_2036_InOutKAS	Comment_Codeblock_Variables
FB_2036_InOutKAS	TGW_Module_Guidelines
FB_2040_DT	Comment_Codeblock_IO
FB_2040_DT	Comment_Codeblock_Variables
FB_2040_DT	TGW_Module_Guidelines
FB_2043_DHT	Comment_Codeblock_IO
FB_2043_DHT	Comment_Codeblock_Variables

FB_2043_DHT	TGW_Module_Guidelines
FB_2046_SM	Comment_Codeblock_IO
FB_2046_SM	Comment_Codeblock_Variables
FB_2046_SM	TGW_Module_Guidelines
FB_2050_SequConv	Comment_Codeblock_IO
FB_2050_SequConv	Comment_Codeblock_Variables
FB_2050_SequConv	TGW_Module_Guidelines
FB_2060_AccConvMech	Comment_Codeblock_IO
FB_2060_AccConvMech	Comment_Codeblock_Variables
FB_2060_AccConvMech	TGW_Module_Guidelines
FB_2064_HydrLiftTable	Comment_Codeblock_IO
FB_2064_HydrLiftTable	Comment_Codeblock_Variables
FB_2064_HydrLiftTable	TGW_Module_Guidelines
FB_2065_Altek	Comment_Codeblock_IO
FB_2065_Altek	Comment_Codeblock_Variables
FB_2065_Altek	TGW_Module_Guidelines
FB_2066_TransferConv	Comment_Codeblock_IO
FB_2066_TransferConv	Comment_Codeblock_Variables
FB_2066_TransferConv	TGW_Module_Guidelines
FB_2070_PuDpLiftStat	Comment_Codeblock_IO
FB_2070_PuDpLiftStat	Comment_Codeblock_Variables
FB_2070_PuDpLiftStat	TGW_Module_Guidelines
FB_2090_DTCFT	Comment_Codeblock_IO
FB_2090_DTCFT	Comment_Codeblock_Variables
FB_2090_DTCFT	TGW_Module_Guidelines
FB_2091_PulkCFT	Comment_Codeblock_IO
FB_2091_PulkCFT	Comment_Codeblock_Variables
FB_2091_PulkCFT	TGW_Module_Guidelines
FB_2092_SeqConvCFT	Comment_Codeblock_IO
FB_2092_SeqConvCFT	Comment_Codeblock_Variables
FB_2092_SeqConvCFT	TGW_Module_Guidelines
FB_2093_ECFL	Comment_Codeblock_IO
FB_2093_ECFL	Comment_Codeblock_Variables
FB_2093_ECFL	TGW_Module_Guidelines
FB_2101_1PlRevLze	Comment_Codeblock_IO
FB_2101_1PlRevLze	Comment_Codeblock_Variables
FB_2101_1PlRevLze	TGW_Module_Guidelines
FB_2102_3PlRevKDR	Comment_Codeblock_IO
FB_2102_3PlRevKDR	Comment_Codeblock_Variables
FB_2102_3PlRevKDR	TGW_Module_Guidelines
FB_2103_3PlRevCFT	Comment_Codeblock_IO

FB_2103_3PlRevCFT	Comment_Codeblock_Variables
FB_2103_3PlRevCFT	TGW_Module_Guidelines
FB_2104_OvDrvMand	Comment_Codeblock_IO
FB_2104_OvDrvMand	Comment_Codeblock_Variables
FB_2104_OvDrvMand	TGW_Module_Guidelines
FB_2106_LHDShiftUnit	Comment_Codeblock_IO
FB_2106_LHDShiftUnit	Comment_Codeblock_Variables
FB_2106_LHDShiftUnit	TGW_Module_Guidelines
FB_2107_2PlRevCFT	Comment_Codeblock_IO
FB_2107_2PlRevCFT	Comment_Codeblock_Variables
FB_2107_2PlRevCFT	TGW_Module_Guidelines
FB_2108_3PlRevAIR	Comment_Codeblock_IO
FB_2108_3PlRevAIR	Comment_Codeblock_Variables
FB_2108_3PlRevAIR	TGW_Module_Guidelines
FB_2600_ConvMultiAIR	Comment_Codeblock_IO
FB_2600_ConvMultiAIR	Comment_Codeblock_Variables
FB_2600_ConvMultiAIR	TGW_Module_Guidelines
FB_2601_ConvAIR	Comment_Codeblock_IO
FB_2601_ConvAIR	Comment_Codeblock_Variables
FB_2601_ConvAIR	TGW_Module_Guidelines
FB_2602_1PlRevAIR	Comment_Codeblock_IO
FB_2602_1PlRevAIR	Comment_Codeblock_Variables
FB_2602_1PlRevAIR	TGW_Module_Guidelines
FB_2603_SlgLineConvAIR	Comment_Codeblock_IO
FB_2603_SlgLineConvAIR	Comment_Codeblock_Variables
FB_2603_SlgLineConvAIR	TGW_Module_Guidelines
FB_2604_LUGAIR	Comment_Codeblock_IO
FB_2604_LUGAIR	Comment_Codeblock_Variables
FB_2604_LUGAIR	TGW_Module_Guidelines
FB_2610_LCPosCorrWinAIR	Comment_Codeblock_IO
FB_2610_LCPosCorrWinAIR	Comment_Codeblock_Variables
FB_2610_LCPosCorrWinAIR	TGW_Module_Guidelines
FB_2650_AccConvAIR	Comment_Codeblock_IO
FB_2650_AccConvAIR	Comment_Codeblock_Variables
FB_2650_AccConvAIR	TGW_Module_Guidelines
FB_2660_3PlAccPuStatDatAIR	Comment_Codeblock_IO
FB_2660_3PlAccPuStatDatAIR	Comment_Codeblock_Variables
FB_2660_3PlAccPuStatDatAIR	TGW_Module_Guidelines
FB_2661_2PlAccPuStatDatAIR	Comment_Codeblock_IO
FB_2661_2PlAccPuStatDatAIR	Comment_Codeblock_Variables
FB_2661_2PlAccPuStatDatAIR	TGW_Module_Guidelines

FB_2662_3PlSfPuStatDatAIR	Comment_Codeblock_IO
FB_2662_3PlSfPuStatDatAIR	Comment_Codeblock_Variables
FB_2662_3PlSfPuStatDatAIR	TGW_Module_Guidelines
FB_2665_StS3PlSfPuDatAIR	Comment_Codeblock_IO
FB_2665_StS3PlSfPuDatAIR	Comment_Codeblock_Variables
FB_2665_StS3PlSfPuDatAIR	TGW_Module_Guidelines
FB_2671_PDSAIR_2P	Comment_Codeblock_IO
FB_2671_PDSAIR_2P	Comment_Codeblock_Variables
FB_2671_PDSAIR_2P	TGW_Module_Guidelines
FB_2673_PDSAIR_4P	Comment_Codeblock_IO
FB_2673_PDSAIR_4P	Comment_Codeblock_Variables
FB_2673_PDSAIR_4P	TGW_Module_Guidelines
FB_2674_PDSAIR_3P	Comment_Codeblock_IO
FB_2674_PDSAIR_3P	Comment_Codeblock_Variables
FB_2674_PDSAIR_3P	TGW_Module_Guidelines
FB_2682_PDSAIR_2D_Rev	Comment_Codeblock_IO
FB_2682_PDSAIR_2D_Rev	Comment_Codeblock_Variables
FB_2682_PDSAIR_2D_Rev	TGW_Module_Guidelines
FB_2683_PDSAIR_4D	Comment_Codeblock_IO
FB_2683_PDSAIR_4D	Comment_Codeblock_Variables
FB_2683_PDSAIR_4D	TGW_Module_Guidelines
FB_2684_PDSAIR_3D	Comment_Codeblock_IO
FB_2684_PDSAIR_3D	Comment_Codeblock_Variables
FB_2684_PDSAIR_3D	TGW_Module_Guidelines
FB_2700_Conv1PlTrackAIR	Comment_Codeblock_IO
FB_2700_Conv1PlTrackAIR	Comment_Codeblock_Variables
FB_2700_Conv1PlTrackAIR	TGW_Module_Guidelines
FB_2702_1PlRevTrackAIR	Comment_Codeblock_IO
FB_2702_1PlRevTrackAIR	Comment_Codeblock_Variables
FB_2702_1PlRevTrackAIR	TGW_Module_Guidelines
FB_2750_AccConvTrackAIR	Comment_Codeblock_IO
FB_2750_AccConvTrackAIR	Comment_Codeblock_Variables
FB_2750_AccConvTrackAIR	TGW_Module_Guidelines
All PLCTagTables	Comment_PLCTagTable
All PLCDataTypes	Comment_PLCDatatype

Tabelle 17: ausgeführte Tests in Durchlauf 1

FSC
www.fsc.org
MIX
Papier | Fördert gute Waldnutzung
FSC® C083411

Kolibri 360 GmbH
Ferdinand-Jühlke-Straße 7
99095 Erfurt, Deutschland
produktsicherheit@kolibri360.de

Druck:
CPI Druckdienstleistungen GmbH
im Auftrag der
Kolibri 360 GmbH
Ferdinand-Jühlke-Str. 7
99095 Erfurt